日隆聖人への旅

三浦日脩
Miura Nissyu

東方出版

目次

第三章　たくす信火——109

カバー写真　日隆聖人坐像（重要文化財　大本山本興寺蔵）

日隆聖人布教足跡図

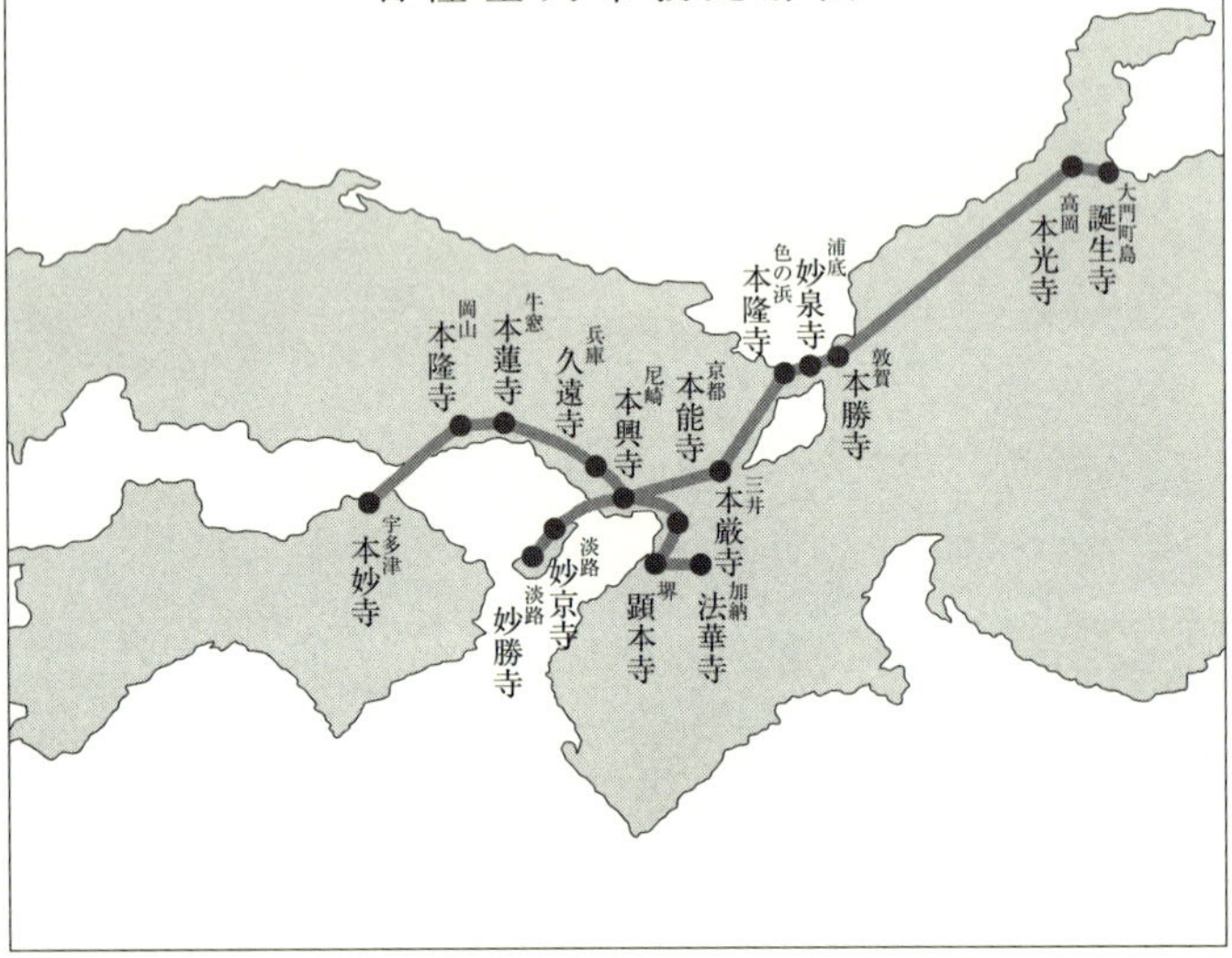
大門町島 誕生寺
高岡 本光寺
浦底 妙泉寺
色の浜 本隆寺
敦賀 本勝寺
京都 本能寺
尼崎 本興寺
兵庫 久遠寺
牛窓 本蓮寺
岡山 本隆寺
宇多津 本妙寺
三井 本厳寺
加納 法華寺
堺 顕本寺
淡路 妙京寺
淡路 妙勝寺

第一章　はばたく信火

一　旅のはじめに

それはたしか昭和三十六年（一九六一）、法華宗の修行道場「興隆学林」を卒業した年の秋だったと思う。私は八ミリを片手に「辰巳の浜」へ自転車をはしらせた。尼崎の南部は工業地帯で、工場の煙突と国道を走る大型車の粉塵とで街は茶褐色ににごっていた。神崎川《かんざきがわ》の河口、大阪湾に続いた辰巳港に私は立った。前面にははるかに堺から泉南の陸地が眺められた。

昔から海上交通の要路として栄えたこの場所に、日隆聖人は歩をとどめられた。その同じ場所に今自分がいるのだと思ったとき、身のひきしまる感に胸うたれたことを思い出す。コンクリートの岸壁には昔の面影はないが、海と対岸のありさまは六百年の歴史を今に保っているのである。

管領細川満元の外護《げご》によって建立された若宮八幡の境内、そこに最初の本興寺があった。今は城内中学、城内高校、児童館などが建てられている。すこし西へ歩くと、日隆聖

神崎川の河口「辰巳の浜」は現在も貨物船の出入りがある

人の御茶毘所の跡がある。当時は妙光寺という寺院の境内になっていて、そこにお題目の石塔が立っていた。

日隆聖人の足跡をたどってみたいと思うようになったのは、その頃からであった。

日蓮大聖人の滅後、混乱した法華経の教えを糺すために身命を捧げた日隆聖人であった。その御生涯は純信と熱情であった。純粋法華を守るために論陣をはり、三千余帖にのぼる著述をのこされ、民衆を救済して現証利益を示され、寺を建立し、また改宗させた聖人の姿は、布教と学問両面にわたり、行学二道に活躍された超人性を感ぜずにはいられない。

日隆聖人の特徴として、聖人の庶民性が挙げられると思う。例えば病気平癒を祈られて法華経の有難さを示された。応永三十三年（一四二六）故郷へ帰られた聖人は、その帰路嵐に遭い、聖人の乗った船は敦賀《つるが》の沖色ケ浜で座礁、病気に苦しむ村人のために、聖人は大岩の上に立ち祈願をされ、無事村人を救い、本隆寺が建立された。一説には禅寺金泉庵の庵主が聖人の奇瑞《きずい》をみて改宗したともいわれている。また、永享十一年（一四三九）頃より西国に弘通された聖人は香川宇多津に着かれ、やはり村民の病気平癒を祈って、高瀬法華寺の子院法華堂を本妙寺とした。岡山本隆寺の創立も村人の病気平癒によるものと伝えられている。

民衆救済は、聖人と飲料水（井戸）にもみることができる。御誕生の地にある誕生寺には、日隆聖人御誕生の時に涌き出たと伝えられる御霊水がある。射水川《いみずがわ》の清流に沿った山門の脇に清水が涌き出ている。応永二十七年（一四二〇）尼崎本興寺が建立されたが、海岸に近いこの地域は水質が悪く、住民は水に不自由を感じていたという。聖人は早速境内に井戸を掘り、この井戸は塩分のない良質の水であったため、それ以来唯一の飲料水として住民に感謝され、大正五年（一九一六）尼崎に水道が敷設されるまで一般の住民が利用し、「金水」の名で親しまれていた。第百九世日済上人代に碑が建てられ往時を偲ぶことができる。また、永享十一年（一四三九）南河内の古戦場を訪ねられた聖人は、斯波義盛《しばよしもり》に逢い教化して法華寺を建立した。この附近も村民は水に不自由であったため聖人は井戸を掘り、筧《かけい》の霊水として清水が涌き出て村民を救った。先に紹介した宇多津本妙寺には鳳凰水が、これまた聖人の掘られた霊水として知られており、聖人の感応のすばらしさを私達に示してくれるのである。

更に、庶民との交流についてもいくつか伝えられている。京都大本山本能寺の創立については、小袖屋宗句の名が挙げられる。宗句は熱心な法華信徒であり、聖人が櫛司《くしげ》に本応寺を創立の後応永二十五年に妙本寺月明のために本応寺が破却されるが、その折に聖人を救い大乗坊に避難させ、また、後に尼崎本興寺に聖人を訪ね本応寺再興のために働かれている。

また、応永三十三年の帰郷の時、聖人と同じ船に乗っていた敦賀の商人紺屋五郎右衛門と親しくなられ、五台山本法寺に聖人を案内して寺主を破折、聖人は紺屋に安田の性を与えられた。永享十一年、西国弘通《ぐづう》におもむく聖人は、尼崎を出発して兵庫三川口の港で「名主」の邸に泊られた。古い草鞋《わらじ》を新しいのにはきかえて旅立たれたが、帰路ふたたび同じ名主の邸に着くと、出発の時にぬいだ古い草鞋をきれいに洗い、名主は聖人に差し出した。聖人は感激して、名主に「正直屋」の屋号を与えられた。兵庫久遠寺は正直屋によって法華宗に改宗の機会を得たのである。享徳三年（一四四五）に創立された勧学院（現在の興隆学林専門学校）には各地より研鑽の学徒が集まったが、冬の寒い夜、聖人は熱い酒を学徒に与えられたことが、聖人御入滅三七日忌の法則に記されている。

こうした聖人の人間味豊かな御伝記が伝えられているが、聖人が御信者の方々に与えられた御消息類が多く残っていればとおしまれる。

聖人が建立された寺、改宗した寺の多くをみても、すべてこの庶民性と切り離して考えることはできない。

本能寺や本興寺は勿論のこと、北河内三井の本厳寺は淀川に沿った寝屋川の近くにあり、兵庫久遠寺、岡山本隆寺、そして岡山県牛窓の本蓮寺、淡路島では妙勝寺、香川県宇多津の本妙寺と、民衆の往来のはげしい処を中心に布教センターを置かれた点は注目されるところである。これに対して、厳しい聖人の側面は、法華経に対する厳しさに見ることができる。

日蓮大聖人の教えはすでに滅後五十年頃から乱れはじめ、妙顕寺を創立した日像聖人が「妙顕寺六ケ条禁制」の中で、観心主義である天台の本覚思想を採り入れた考えを厳しくいさめているが、日隆聖人の頃は混乱もその極に達していた頃であった。

聖人は妙顕寺日霽聖人の門に投じたが、教学の師は日存、日道の両聖人で、本門勝迹門劣、本門八品正意こそ日蓮大聖人の宗教であることを学び、厳しい姿勢で、当時の汚染された宗教界に純粋法華の叫びをあげたのであった。

妙本寺は日霽聖人が応永十二年（一四〇五）に遷化《せんげ》されて月明の代に入ると一段と寺風を乱し、この月明を諫暁《かんぎょう》し、やがて内野に草庵をかまえて日存、日道両聖人と共に論陣を張り、迫害に屈することなく敢然と邪悪に立ち向うのであった。

永享元年（一四二九）に著された『四帖抄』はまさに本門八品上行所伝の教えを世に宣言された法華宗再興の旗じるしであった。永享五年（一四三三）如意王丸の寄進により、本応寺を改め本能寺が創立され、尼崎本興寺と共に布裁体制を整えた頃、沼津岡宮光長寺学頭で東之坊に在った本果院日朝聖人が本能寺に日隆聖人を訪ねたのは永享七年（一四三五）のときであった。東西法水一味の交りができ、御弟子の智本上人は各地にはしり日蓮大聖人ののこされた御書を拝書されていることをみても、日隆聖人の名は関東方面にも知られていたと考えられる。

文安年中（一四四四）に入り、聖人は『本門弘経抄』の著述を始められ、それ以後数多くの著書をのこされるが、教えに対する厳しい姿勢は、法華信者の信仰生活に対しても、純信を守る正しい信仰によらねばならないことを示されている。

文安元年（一四四四）の『本能寺大衆信心戒定目三ケ条起請文』は僧侶に対する信心の規程を示したものであり、宝徳三年（一四五一）に定められた『信心法度十三ケ条』は信徒に対する信仰の掟《おきて》である。

信仰は生活に反映されるものでなくてはならない。現在の宗教界は人間の欲望や弱点につけこんで私利私欲を宗教の名を借り満足させようとする混迷に陥っている。

今、日隆聖人の旅を始めるにあたって、純粋法華の魂を求めてみたいと思う。聖人の厳しさと愛しさを訪ねる旅にしたいと思う。

ある友人が私に語りかけた。「日隆聖人のお顔には、武将を思わせるするどさがありますね」と。

日隆聖人は桃井直常という偉大な武将の曾孫であることは判っていたが、その友人の話しを聞くまでは、御尊像を拝していても全く感じなかったことであった。私は友人に感謝したい。聖人の御尊像に、聖人の生きた魂をみたような気がしたのである。

二　祖滅百四年目のご生誕

飛弾の山中をぬけて、清水が峡谷をくだり、礪波《となみ》平野へ出て、満々とたたえた水のながれが富山湾へそそぐ。

庄川のながれは静かであり、美しい。

はるかに二上山の峰が、やさしく線を描いて、紅葉に染まってみえる。

刈り取られた稲田は秋のおわりを思わせ、はるかに、わらを燃やす煙が白く秋空にひろがっていく。

点在する農家の周囲には、こんもりと樹木が繁り、緑が朝もやのなかに浮かびあがる。

越中は射水郡浅井郷島。桃井尚儀《もものいひさのり》はこの地にいた。

曾父の直常《ただつね》が武威をふるったはなやかな時が過ぎて、尚儀はこの地にやすらぎを求めることができた。

「平和」こそ、桃井家にとって永年の待ち望んだ願いであったことであろう。

「家運漸ク衰ヘ乃チ當代ニ至リテ浅井ノ郷ニ潜在セシ者乎」（徳行記試評）と述べられているように、直常を知るものにとっては「家運漸ク衰へ」た今ではあった。

富山県布市興国寺にある桃井直常の墓

母の益子《とみこ》は、不思議な夢をみた。高貴の僧が輝くばかりの珠をもって枕辺に立ち、「汝に如意宝珠を授けよう」と言ったかと思うと益子の懐中にこの珠を投げ入れたのである。

夫の尚儀に話すと、尚儀もまた、夢中に白髪の老僧が現れて、守刀を与えられた、と言うのである。

そして、至徳二年（一三八五）十月十四日。日隆聖人がご生誕になった。

そのとき、尚儀が夢にみた白髪の老人が二人の前に現れ、刀剣を守刀として今生まれた日隆聖人に与えられたと言われる。

日隆聖人の幼名は長一丸。この守刀は、この幼名にちなんで「長一丸」と称せられ、尼崎本興寺に格護されている。作は江義弘《ごうのよしひろ》、鎌倉末期の作である。

奇瑞があった。庭に清水が湧き出たのである。

村夫、村の支配者として、村民の尊敬をうけていた尚儀の邸には、男子誕生を聞いた村人たちが馳せ参じた。

手おけで湧き出る水をくむ者、薪をかかえてきては湯をわかすもの、庭を掃き清めるものと、あたりは急に忙しく、喜びの声が村中にこだました。

家老職として、中村元成も喜びはまた一入《ひとしお》であった。

直常に仕えて以来、敗走に明け暮れた苦しい時代を、元成は憶い浮かべていた。

安住の地とてなかったあの頃、笑顔は元成の顔から消え失せていた。家臣たちは、尚儀に男子誕生の知らせを聞いて、手をとり合って喜んだ。そして、「長一丸」の刀剣の事実を知って、この男子こそ、桃井家再興のために生まれた若君であるに相違ないと、夢をふくらませていくのであった。古来より、日隆聖人には兄直之という人物がいたことが系図のなかにみえる。

この直之については知られていない。只、一説に、謡曲幸若流の元祖と言われる幸若丸がこの直之であると言われ、若狭国一乗谷に住んでいたと言われる。

家臣達の長一丸にかける望みとは逆に、父尚儀は、わが子に出家の道をえらばせた。その直接的な原因と考えられるのが、病床に臥していた母益子《とみこ》の姿であった。

応永四年（一三九七）九月二十六日、益子は三十二歳の若さで他界したのである。長一丸十三歳の秋であった。益子は円喩尊尼と称されている。

父の尚儀については、その没年を応永元年九月二十六日とする説と、応永二十二年九月二十六日とする説とがある。

父尚儀の死が長一丸十歳の時だとすれば、長一丸の周辺に何かの情勢の変化がみられるはずである。

応永二十二年説を取るとすれば、応永二十三年に家老中村元助の叛乱事件が関連性をもってくる。

尚儀の没後間もなく、家老の間に争いが起り、日隆聖人は「お馬絵像《うまのえぞう》」を家臣に持たせて帰さしめた。家老の中村元成は、この絵像を掲げて叛乱軍を鎮圧し、平和を保つことができた年である。このことから推察すれば、応永二十二年とみるほうが納得できる年号である。

出家の道を選んだ長一丸に、両親不在は考えられない。

越中の国に在ったとされる遠成寺は、恐らく古刹の寺であったと思われる。もし両親がこの時点で亡くなっていたとしたら、桃井一族とていない環境のなかでは不可能としか思えないのである。

応永三年（一三九六）尚儀は十二歳の長一丸を連れて遠成寺の門をたたいた。それはあたかも、日蓮大聖人を連れて清澄へ登られた貫名重忠の心境と同じようである。

遠成寺の住持慶寿院は、尚儀の意向をうけて長一丸の師となり、剃髪得度して深円と名づけられた。

戦《いくさ》をきらった尚儀は、深円に未来を託したのである。もし未来に希望があるとすれば、それは子供である。

深円は行学の二道に励んだ。三千余帖の御聖教をのこされた日隆聖人であるから、幼いこの頃から才知を発揮していたことは容易に相像できよう。

応永九年、深円は遠成寺から京都妙本寺（妙顕寺）に日存・日道両叔父上人をたよって上京したのであった。

その一つの理由は、深円の旺盛な研究心である。遠成寺での研鑽はすみ、遠成寺との縁が最も深い妙本寺が決まったものと思う。

さらに一つの理由として、当時の貫首日霽聖人と桃井家とは、同じ足利の出であり、尚儀は深円のために京都の本山での研鑽への道を作ったのである。

はじめから日存・日道両聖人をたよって妙本寺に入ったとすれば、当然日存聖人の弟子となっていても不思議ではない。年令の上からも二十三歳のひらきがある。

日霽聖人の弟子として入られた背景には、足利一門という同族の意識が尚儀にあったのではあるまいか。

才能ある深円の姿をみた日霽聖人は、妙本寺の中で教義研鑽に励んでいた日存・日道両聖人の室に入ることこそ最適であると判断され、深円の妙本寺での生活がはじまるのである。

当時の教学上の課題はやはり本迹問題であった。末法の信行は法華経を如何に拝読するかによってきまる。

すでに越後では日陣が本迹勝劣の義をたてて論陣をはっていた。京都には本禅寺を建立して布教の根本道場ができていた。

日存・日道の両聖人は、日蓮大聖人の示された本義は、日陣の本迹論を更に一歩ふみこんだ、本門八品にあることを力説していた。それは、法華経が滅後の教えであること、そして一切の智的な証《さとり》を超えた、純粋信心のあり方を示す経典、菩薩行の実践こそ法華経の惟神である。本門八品正意とは、ここを強調するのである。

深円はこの妙本寺に入られて日立と名のられ、日隆と称された。純粋法華信仰を再興されるために日隆聖人は立ちあがった。日蓮大聖人御入滅後百十数年が経過しそのなかで教えが汚染されてきた。今、日存・日道両聖人とともに、汚染を排除するための法陣が張られようとしているのである。

清水の如き　純なる法華経を
弘めし隆聖　われもつづかむ　（八識庵）

三　ご生誕前夜

南北朝のながい抗争は、正平二十二年（一三六七）、鎌倉と京都で、幕府の中心として活躍していた足利基氏と義詮の二人があいついで死んだことから、統合へのきざしをみせはじめてきた。

そのあとを継ぎ、執事として活躍したのが細川頼之という人物である。頼之は、阿波（徳島県）、讃岐（香川県）の守護であったが、人望をあつめ、『太平記』にも、

「外相内徳、ゲニモ人ノ言ニ違《たが》ハザリシカバ、氏族モ之ヲ重ンジ、外様《とざま》モ彼ノ命ヲ背カント中夏無為ノ代ニナリテ、目出タカリシ事共ナリ」

と記されているように、政治のうえに着実な実績をあげた。

斯波《しば》義将が越中で桃井直常を征めたのも、頼之の南朝鎮圧の政策の一つであった。それまでの斯波氏の勢力は、高経が守護職となってから強力となり、義将が執事職に就任してさらに大きくなった。しかし、佐々木道誉等の守護大名が反感をいだき、とうとう高経、

義将父子を北陸に追放してしまったのである。正平二十一年以後、桃井と斯波の争いは、こうした背景から生まれた越中における両者の攻防戦となったのである。

一方、南朝では正平二十三年（一三六八）、後村上天皇が死去し、南朝の講和派の中心人物楠木正儀《まさのり》がクローズアップされてくるのである。

この楠木正儀は、正成《まさしげ》の三男で、兄に正行《まさつら》、正時があったが、地領の河内国はしばしば戦場となったために、父と兄とを失ってしまった。

このように正儀は、戦いの悲惨さと苦しさを充分に味わっていたうえに、長い南北朝の争いは、結局百姓たちに苦痛をあたえること以外にないことを身をもって体験したのであった。『太平記』には、

「赤裸ナル者ニハ小袖ヲキセ、手負タル者ニハ薬ヲ与エテ、京へゾ返シ遣シケル」

と、正儀の人格を評価している。正儀にしてみれば、一日も早く北朝側と講和をはかろうと試みるけれども実現せず、南朝に見切りをつけた正儀は、正平二十四年（一三六九）についに北朝側に寝がえったのであった。

正儀は早速京都へのぼり、頼之や義満と対面し、応安六年（一三七三）、根拠地河内の行在所を攻めた。

これが、南朝側の力が弱まる大きな原因であった。

南朝の勢力が弱まってくると、逆に幕府は安定して、将軍足利義満は永和四年（一三七八）、室町に邸宅を新築して、ここを幕府の中心と定めたのである。

烏丸と室町の間、今出川の上、上立売の間にあって、美しい建築とさまざまな花木がうえられ、京都の人々は「花の御所」と呼んだり、「花営」と言っている。

この花の御所は、まさしく幕府安定の象徴であり、各地の戦いもおさまり、関東では小山義政の反乱を最後とし、西の方では、南朝の最後の拠点であった九州でも、永徳三年（一三八三）、懐良《かねなが》親王の死に及んで、その動きは完全に終結したのである。

桃井直常も天授六年（一三八〇）、能登の岩瀬城で自害したと伝えられて、歴史の舞台から消えていったのである。

直常の子直尚、その子尚儀について『日隆聖人徳行記』（石浜日勇著）には、

「義胤より四世の孫を従四位下右馬頭直常と云ふ……其子将監直尚、父の志を継ぎ同国の武将斯波義将と戦ひしが応安三年（一三七〇）庚戌十二月遂に同国長沢に於て戦死す。是より十一年を過ぎ其子右馬頭尚儀、庚暦二年庚申斯波氏と和睦、義将の女益子を娶り同国射水郡浅井郷島村に移住し、浅井郷を領す。」

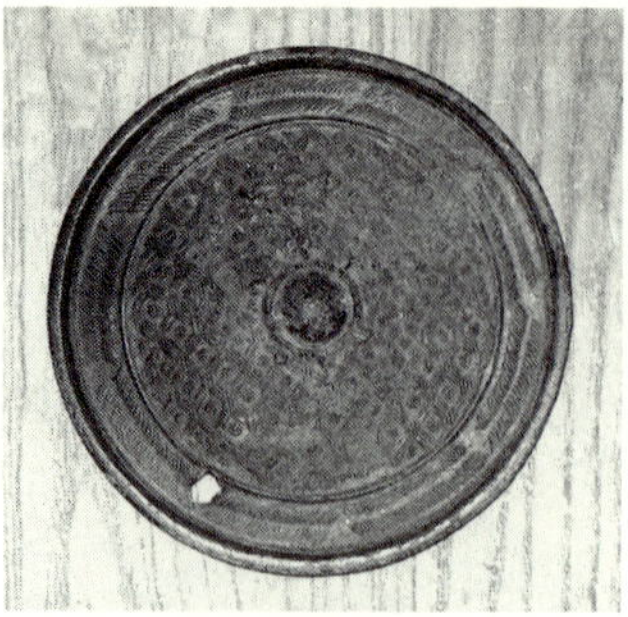 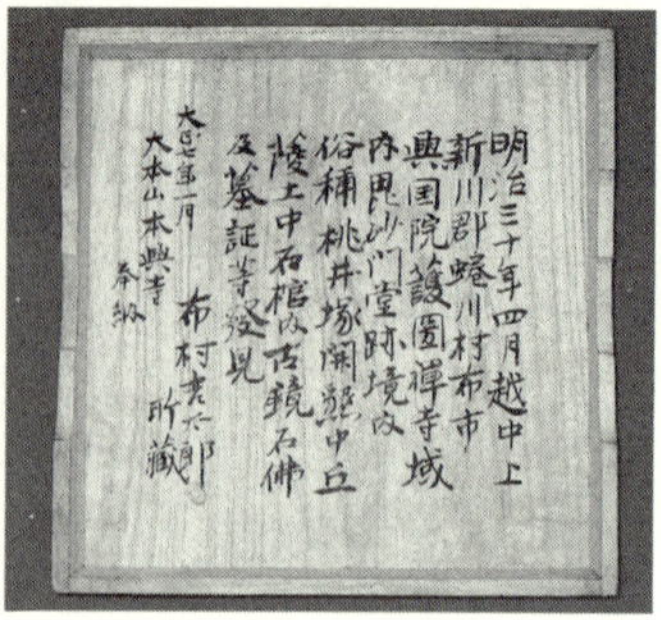

日隆聖人母君益子姫の古鏡。明治34年４月越中上新川郡蜷川村布市興国院護圀禅寺境内毘沙門堂跡の境内、俗称「桃井塚」より出土

と記されている。

『花営三代記』によれば、応安三年の長沢の合戦では、直常の弟直和の敗走は伝えているが、直尚の死は記されていない。とすると、この時直尚が戦死したことも考えられる。また、尚儀のときに浅井郷へ移住したとの記載があり、このことも注目される記録である。

『日隆聖人伝』(信隆日秀著)では、

「父尚儀は父祖の業を継ぎたるも将軍義詮の忌諱に触れ舅義将に其の打手を命ぜられ、百万の所領を没収され僅かに其十分の一即ち十万石に貶して浅井島村に蟄居《ちっきょ》せられ、昨日までの賑はひ生活したるには引替え謹慎の身と為りたるも云云」

と、浅井島村に十万石を以て蟄居されたと記されている。

『開祖徳行記試評』（日芳著）には
「家運漸ク衰ヘ乃チ当代ニ至リテ浅井ノ郷ニ潜在セン、師ノ誕生ハ正シク是ノ時ニ当レリ」

とある。

これらの御伝記類を総合して考えられることは、直尚は長沢の合戦で戦死し、直常の没後、尚儀は、斯波と和睦して、浅井郷村に移住し、「潜在」「蟄居」とあるように、ひっそりと住んでいたということになろう。

天授六年（一三八〇）の直常岩瀬城自害より、至徳二年（一三八五）日隆聖人御生誕までの五年間を、ここで推理してみることにしたい。

応安三年（一三七〇）、長沢の合戦で直常の軍勢は義将のためにやぶれ、松倉城もあけわたして、飛弾の国司姉小路家綱のもとに身を隠した。この間直常は義将攻略の準備をととのえて翌応安四年、石動山天平寺の僧兵の援護をうけて再び義将を討つために立ちあがったが五位庄の戦いにやぶれ、百余名が生捕りとなり、直常の軍勢はこの戦いで壊滅の状態になってしまった。

南朝の誇り、直常には、正統を守らねばならないという意地があった。自分に命のある限り、正義のために戦わねばならないという思想があったに相違ない。

翌応安五年（一三七二）三月十六日、直常は桃井の残党を集めた。家老中村一統や北方一統の面々もそこにいた。弟の直和を大将にした長沢攻略、そして直常は松倉城攻略を行うこととしたのである。

直和は義将に討たれて戦死し、直常は松倉城へ突入したが、その消息については不明であった。

戦に明け暮れた直常、松倉城でも多くの投降者が出た。しかし、直常は生きのびた。わずかの残党を引きつれて能登への道を歩きはじめていた。

岩瀬城にたどり着いた直常は、もはや戦うためのすべてを失っていたのである。直常にとって希望は孫の尚儀であった。岩瀬城での八年間、それは孫の成長をねがう長い八年間であったことであろう。

尚儀は幼少の頃から、戦乱のなかで育った。あたかも南朝の中にあって北朝との和睦をめざした楠木正儀が、父正成、兄正行らの戦いをみて戦乱の無意味さ、苦しさを知ったように尚儀もまた、祖父直常、父直尚の姿から、戦に対するむなしさを感じたのではないだろうか。

直常が自害したあと、家老や残党とともに、かつて最後の威武をとどろかせた守山城のある二上山をはるかに眺める浅井郷に居を移し、桃井家永住の地とさだめ、村夫として島村に住むことになったと思われる。

二上の峰　庄川の
きよきすがたに　祈るしあわせ　（八識庵）

四　姉小路家綱とその周辺

あるときは疾風のごとく、あるときは怒濤のごとく、北国の地を駈けめぐり、その武勇をとどろかした桃井直常。

それは、後醍醐天皇に対して反旗をひるがえし、権力をほしいままにしようとした足利尊氏等に対する諫《いさ》めの剣であった。

正平十年（一三五五）、尊氏が西国征伐に下るに乗じて直常は、尊氏の弟直義とともに尊氏を征めて京都に入ったこともある。しかし、今日の味方は明日の敵、南北朝期にみえる混乱した時代のなかで、斯波《しば》高経が尊氏の軍にやぶれたことから形勢は逆転するのである。

日隆聖人の曽祖父桃井直常に焦点をあてて、いま一度北陸の地を考えてみることにしよう。

正平十七年（一三六二）、斯波高経が越中の守護職となった。それまで、越中の守護職にあった直常は、今や追われる身となったのである。

越中は、代官鹿草によって治められたが、その暴政ぶりは農民を困らせ、各地で政治への不満がくすぶりはじめた。

直常はこれをみて代官鹿草を征めて、井口城を占拠し、さらに加賀へ入り富樫の軍をも征めた。

守護職の高経は、この混乱を鎮圧するために斯波義将に援軍をたのんだのである。義将はすぐさま直常を井口城に征めた。義将の軍は多勢で、井口城はもろくも敗れ直常は、越中松倉城にのがれたのであった。

高岡市を見おろす二上山にあった桃井直常の拠城「井口城」趾

正平二十四年（一三六九）、直常は子息直和とともに松倉城より能登へ入り、吉見氏頼と戦った。しかしこの戦も勝つには勝ったが、ふたたび義将との対決となり、翌建徳元年（一三七〇）本拠地松倉城をも失うことになるのである。

ここで、直常は、飛弾の国司である

「姉小路家綱」のもとへ身を寄せたという事実である。

家綱の外護をうけて身の安全を保とうとしたのか、家綱が直常と何等かの関係があって直常をかくまったのか、それは明らかではないが、『花営三代記』には、

「直常合戦、両方討死手負数千人、後位庄に戦フ。飛弾国司舎弟二名以下百余人降参生捕リトナル」

と記されている。

この『花営三代記』は室町幕府の日記（記録）帳で応永三十三年頃までの記録である。「姉小路家綱」。この姉小路家というのは、「藤原北家、小一条流」と称せられ、京都姉小路に居住していたのでこれを家号とし、師尹の子済時の時から用いたと言われる。その系図は、

師尹―済時―師成―師季―尹綱―親綱―家時―頼基―師平―家綱（飛弾国司）―昌家（姉小路）―基綱―済継―済俊―秀綱

とあって、公卿として歴史に登場してくるのは初代師尹の天慶八年（九四五）で、従四位上兼備前守としての位が記されている。師尹は康保五年（九六九）に亡くなったがその地位は右大臣正二位であった。

その後、家時は正三位、文永五年薨、頼基は従三位で出家して恐衍と号し、師平は右大臣従一位関白となっている。出家して禅理と号し元中七年（一三九〇）に亡くなっている。

家綱は、永和四年（一三七八）従三位に叙せられ、翌年には参議に任ぜられ、元中七年（一三九〇）に亡くなっており、この間十二年間である。

家綱が飛弾の国司に任ぜられたのは建武の中興からで、飛弾の小島城に在ったと言われている。

この国司（くにのつかさ）というのは、地方諸国の政務を行うもので、守・介・掾《じょう》・目・史生の五部門にわかれて政治を行い、「守」は、行政・司法・警察を、「介」は守りの補佐と代行を、「掾」は国内の非違をただし、「目」は上命によって作成した文書の審査を、「史生」は書記と雑務をそれぞれ担当する仕組みになっている。

任期は四年乃至六年で、中央にある上流階級から選ばれた。しかしこの制度も次第に遙任、つまり本人は京都にとどまって役職だけをうける風習がおこり、平安時代末期頃からは、地方の豪族が台頭してきたことや、武士の勢力が強くなって、国司の守護化がすすみ、本来の任務がはたせなくなっていったのである。

しかし、この飛騨や伊勢、それに土佐では国司の力も強く、制度として確立していたと言われている。

直常が歴史の上から消えていくのは建徳三年（一三七二）の三月十六日、義将の軍と相対した長沢の戦いである。

この戦いで子息の直和は斯波義将の軍に敗れて遂に戦死、直常はまたもや松倉城に入ったと言われる。

しかし、その後の動静は不明である。

建武二年（一三三五）。中先代の乱と呼ばれる、北条高時の子時行が兵を挙げ、これに応じて名越兼時がこれに応じて、加賀、越中、能登の兵約三万を率いて大聖寺を陥れ京都に向った軍に対して、朝廷の命を受けてこれを討った桃井直常。はなはだしい歴史への登場ではあった。それから三十八年目。そこには直常の敗北が待っていた。

天授六年（一三八〇）六月二日、直常は岩瀬城において自害したと伝えられている。この岩瀬城は、能登にあることがわかった。直常の最後は能登であった。ここで直常の行動から、日隆聖人御生誕に至るまでの推理を試みてみよう。

直常は、井口城から松倉城へ、加賀から能登へとその行動がひろがっていた。しかしその行動は敗走の連続であった。姉小路家綱との出合いによって一時の静寂を得ることができた。軍勢をたてなおすこともこの時期にできた。家族の安全も確保できたはずである。三人の子息のうち直和は戦死したが、残る直尚と直弘はどうしていたのか。歴史のなかには登場してこない。

直尚の子尚儀《ひさのり》もでてこない。

このあたりが家綱と関係を持ってこないだろうか。

越中の庄川を見おろす高台に直常の居城があった。今は城趾として形を止めているが、この地に家老中村元成とその一族が住むようになったのではなかろうか。

直常の死後、家老達の手によって桃井一族がこの地に迎えられ日隆聖人の生誕があったのではなかろうか。

浅井の郷島村は、この庄川からあまり離れていない。

人はみな、大切なものほど、より安全な場所へとこれを守るものである。

桃井一族を守るため、家老達は、より安全な場所として浅井郷島村を選んだのではないだろうか。

このように考えてみるとき、美濃安八郡での日隆聖人若年期の研鑽も理にかなってくるのである。これはあくまでも推測の域を出ないが、たしかに気になる時代である。

尊像に掌あわせ　瞳仰ぐとき
柔和なおもてに　ほゝえみの見ゆ　（八識庵）

五　応永九年・上洛前後

永和四年（一三七八）正月十八日。日隆聖人がご生誕になる七年前のことである。京都・妙顕寺では、第三世朗源和尚がご遷化されたのである。

貞治三年（一三六四）三十九才で大覚大僧正の跡を継ぎ第三世の法燈を継承して十五年、それは突然のできごとであった。

その当時、妙顕寺には、宿臈、中臈、若輩という三階級に分かれた家衆の制度があって寺内の色々な職務を行っていたが、朗源和尚の突然のご遷化にとまどいの色はかくせなかった。

第四世の法燈を継承するために、まず通源（日霽聖人）があげられた。聖人は鎌倉の足利氏満の子、当時若干三十才であったが公卿や武家の外護をうけ、人望があったようである。

次には日実・日成の両兄弟上人。紀州桃井の出身で、兄の日実上人は当時六十才、若年には大覚妙実聖人の命をうけて備前へ教化、「吉き法門を訓え」の教訓を生かして活躍されていた。

この三名が妙顕寺の法燈を継承する第四世の候補者となったのであるが、話し合いによる決定はなかなかできない。

宿臈十九名、中臈四十名、若輩五十五名合計百十四名の家衆は、仏前においてクジを引き後継者を決定することになったのである。

クジは三回行われ、三回とも日霽聖人が当りクジを引かれ、無事第四世の法燈を継がれたのであった。

一見、円満なうちに解決されたようにみえるこの後継者選びも、それから一ケ月後、日実・日成両上人が妙顕寺を退き、日成は外護者小野妙覚を得て、「妙覚寺」を創し、日実は備前の妙善寺へ赴いていることをみれば、当時の妙顕寺の中のありさまを想像することができようというものである。

本来、仏に仕える身として一般大衆に法を説き、人間のあり方、生き方を指導する僧侶は、私利私欲に走ったり、我見を通したりすることはつつしむべきであるが、こうした悪

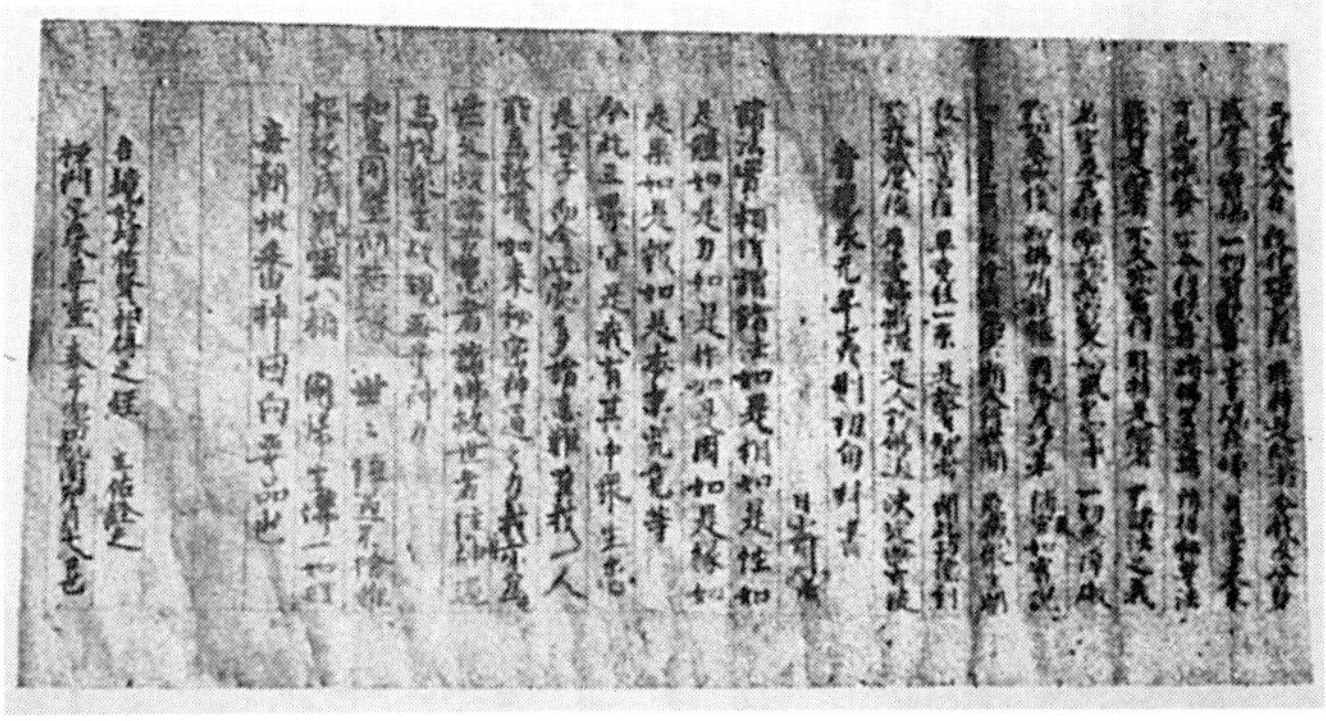

日霽聖人が応永元年に書写した神力品

い空気が妙顕寺のなかに在ったことは事実であろう。寺内にセクトが生まれ、その対立のなかからこの問題が解決されたところに一種の堕落が始まっていたのであった。

大覚大僧正妙実聖人の時代大いに盛えた妙顕寺も、当時から起っていた日蓮大聖人の教えについて本門正意か迹門正意かの問題が大きくクローズアップされてきたときでもあったのである。また、それと同時に、比叡山からの圧力も強く、法華宗という宗名は天台法華宗の宗名を盗んだものだとの抗議がたびたびあり、妙顕寺はその度ごとに、建武元年に後醍醐天皇より賜った「殊ニ一乗円頓之宗旨ヲ弘ム」の御綸旨を以てこれに相対していったのであった。

日霽聖人は、こうして妙顕寺の寺門繁栄のために働かれるのであるが、その「智徳余人に勝れ、行徳他に

日霽聖人の署名と花押

秀で世間、仏法の才人」と称され「公武両家出頭比類無し」と言われた人柄が示すように大変温厚な方であったことが知られるのである。

このことは、布教の面においても消極的になりやすく、折伏弘通を正意とする本義を忘れ、本門正意の姿勢をくずし本迹一致の考え方を助長していった。妙顕寺の内部からも日霽聖人の態度に反発をして退出していった僧侶もあったのである。

こうした内部の状況と共に、比叡山からの攻撃をも受け、嘉慶元年（一三八七）、妙顕寺は破却されたのであった。日隆聖人はこの時御歳三才ということになる。

日霽上人は若狭、小浜に避難した。

そして六年後の明徳四年（一三九三）、京都に還住《げんじゅう》を許され、将軍足利義満は、押小路以南、姉小路以北、猪熊以東の寺地を与えて、鎌倉比企谷の妙本寺別院として再興したのであった。当時としては、比叡山の力からして妙顕寺としての再興はできなかったのである。それ以後、妙顕寺は妙本寺としての歴史を歩むのであり、再び妙顕寺と称するようになったのは、天文法難以後のことである。

日隆聖人が上洛し、この妙本寺の日霽聖人の門に入り師事したのは、応永九年（一四〇二）御歳十八才の時であった。

これについて、これまでの御伝記類には、十四才説や十五才説もあるが、聖人が得度された年齢が十二才とすれば、二年後や三年後に上洛することは考えられないことからすれば、十八才説が正しいと思われる。

日隆聖人が日霽聖人のもとへ参じた時、日霽聖人は御歳五十四才となる。

日隆聖人は日霽聖人の御弟子となられているが、実際上、宗義を学び僧侶としての指導をうけられたのは、日存・日道の両聖人からであった。この両聖人についてはいつ妙顕寺へ入られていたのか不明であるが、日隆聖人が妙本寺へ入られた時は、日存聖人が御歳三十四才で、日隆聖人より十六才の年上、日道聖人は二十才で日隆聖人より二才上となる。

こうしてみると、日霽聖人は日隆聖人より三十六才の年上、日存聖人より二十才年上、日道聖人より三十四才の年上ということで、日霽聖人が三十才で妙顕寺を継承したのであるから、応永九年まで二十四年間が経過していることになる。

さらに考察を加えると、少なくとも日存聖人は日霽聖人が妙顕寺の後継者になられて間もなく日霽聖人の門に入られたと考えられるが、日道聖人は極めて幼少の頃に入られていないと年齢が合わないことになる。恐らくは日存聖人のあとで日道聖人が妙顕寺に入られたのではなかろうか。そうしてみると、

「この法門は日存・日道の師弟より日隆相承申す」（本門弘経抄）

と述べられているように、単なる俗兄弟ではなくて、教学上からみても師弟の関係、日存聖人は師、日道聖人は弟子である。

御聖教を拝してみると、日存聖人は本門八品正意の大綱を示され、日道聖人は、この法門を更に細目に亘って解釈され、その相伝は、日道聖人の方が多いことも注目されるところである。二才年長の日道聖人は日隆聖人にとっても話しやすい、いわば師匠としてというよりは先輩という感じがあったのではあるまいか。

日隆聖人が師の日霽聖人に関して、

「流義に云く、此の神力品を以て要品に用ふる事は、霽公和尚御夢想の告げによって之を用ふるなり。されば御一期の間は不断に書写これあり、其れより已来尚之を尊むなり。然れば諸御抄又殊の外に御尊敬これあり。殊に観心抄、太田抄、血脈抄盛んに之を歎じて宗旨と為し本尊出世の依経と崇るなり」（弘経抄）

と述べられている。

日霽聖人とは妙本寺で四年間を共にされた日隆聖人ではあった。

存・道の　両脚に法《のり》の糸

今も断やさむ八品正意　（八識庵）

六　像師堂での研鑽

日隆聖人が、遠成寺から京都・妙顕寺の日霽《にっせい》聖人の門に入られたのは応永九年（一四〇二）、十八才の時であったと言われる。

この妙顕寺は、日蓮大聖人の教えが、京都を中心に弘通される最初の道場であり、御直弟日像聖人の開基になる寺である。

日像聖人は下総（千葉県）平賀の平賀忠晴の子で、幼名を万寿磨と言い、建治元年（一二七五）二月、日朗上人の門に入り、宗祖より経一磨と名前をいただいた。

日蓮大聖人がご入滅になり、その遺命として帝都弘通、宗義天奏を志し、日像（肥後房）と称し、永仁元年（一二九三）、二十五才の時、鎌倉由比ケ浜で百日間の行をつみ、翌永仁二年、上洛の途につき、佐渡の大聖人御霊地を拝し、北陸路より京都へ向われたのである。

その途中、能登の真言宗石動山天平寺の満蔵を折伏し、加賀、若狭、近江を経て四月の頃京都へ到着した。

京都では、大工の志、柳酒屋仲興、富商小野妙覚が信者となり、次第に教線を拡張したが、反面比叡山による迫害が起り、三度の難に遭われている。これを「三黜《ちつ》三赦《しゃ》」と呼んでいる。

第一難は徳治二年（一三〇七）五月二十日、院宣《いんぜん》により土佐国幡多へ。二年後は赦されたが翌延慶三年（一三一〇）今度は紀伊の獅子ケ瀬に流罪、翌年赦されたが、三度目は元亨元年（一三二一）十月二十五日洛中追放、十一月八日に赦され、はれて法華弘通の勅許を得て、御溝《みかわみぞ》今小路に地を賜り、綾小路大宮の坊を移して「妙顕寺」を創したのであった。

そして建武元年（一三三四）、後醍醐天皇より四海唱導、法華宗公許の勅願寺となったのである。実に日像聖人京都進出以来四十一年目であった。

その後妙顕寺は暦応四年（一三四一）、光厳院の院宣をうけて四条櫛笥《くしげ》に移った。

日像聖人は大覚大僧正妙実聖人に寺をゆずり康永二年（一三四三）十一月十三日、七十四才でなくなられた。

大覚大僧正妙実聖人は特に備前、備中に教化の実をあげ、貞和、観応、文和、延文の約十年あまりの間、妙顕寺に多くの綸旨《りんじ》や院宣をいただいている。殊に延文三年（一三五八）の大旱魃には祈雨の法会を修して効あり、後光厳院より日蓮大聖人に大菩薩号、日朗、日像聖人に菩薩号、大覚大僧正妙実聖人は大僧正に叙せられている。

三世には朗源和尚、そして第四世に日霽聖人が晋《すす》まれ、日隆聖人はこの日霽聖人の門に入られたのであった。

日霽聖人の時代の妙顕寺の発展は目をみはるものがあり、綸旨、後円融院よりの勅願寺二通、後小松院より寺領安堵、勅願寺二通、公卿よりの寄進状、義満より寄進状二通、祈願状一通、合計七通をかぞえた。

しかし、こうした法華宗の伸張は比叡山の反目をかい、嘉慶元年（一三八七）、妙顕寺は破却、このため日霽聖人は若狭小浜に難を避けた。日隆聖人三才の時である。

明徳四年（一三九三）、やっと京都への還住が許され、将軍義満は、押小路以南、姉小路以北、堀川以西、猪熊以東の寺地を与え、鎌倉の比企谷妙本寺の別院として再興、妙顕寺の再興を許さない比叡山の圧力により、以後妙顕寺は妙本寺の寺号を名乗ったのである。

日霽聖人の門に入った日隆聖人は、ここで日存・日道の両聖人に会われたのである。

日隆聖人が、日蓮大聖人の教えを純粋に受け継ぎ、本門八品上行所伝、本因下種のお題目を世の人々に伝え得たのは、この日存・日道両聖人を勉学の師と仰がれたためであった。

日存聖人は日隆聖人より十六才年長であり、日道聖人は二才の年長であった。両聖人と日隆聖人の間柄について『両山歴譜写書継稿』には「存・道両師は日隆聖人の伯叔なり」と記されている。

遠成寺から妙本寺に来られた日隆聖人は、両伯叔聖人がおられたことが一つの理由であったことが考えられる。しかし、伯叔とは言っても、父方の桃井家にあたられるのか、母方の斯波家になるのか、この点がわからない。一般的に考えられることは、隆盛を極めていた斯波家から出家者が出ることは考えられない。とすれば、足利尊氏と相対した桃井家に属するものと考えられる。

応永十二年（一四〇五）十一月四日、日霽聖人は五十七才で亡くなられた。そして具覚月明が第五世の法灯を継承されることとなった。

その当時、日蓮大聖人の門下は、比叡山によって毒された中古天台の無作本覚の思想が主流をしめており、妙本寺においてもその傾向が強く、日存・日道両聖人は、毒されない

像師堂の跡と伝えられる大極殿跡（京都千本丸太町）

純粋法華を守るために月明を批判し、この妙本寺を出たのであった。勿論日隆聖人も行動を共にし、外二十数名の僧侶が妙本寺を出たのであった。

この時同じく妙本寺を出た日慶上人は、かつて日像聖人の信者であった柳酒屋仲興の邸を法華の道場として再興すべく、ここを像師堂と称して布教の基地とされたのであった。日存・日道の両聖人も、この像師堂に在って日慶上人に協力し、純粋法華の教えはこの像師堂で保たれたわけである。

日隆聖人はどのように行動されたのであろうか。『両山歴譜写書継稿』その他の御伝記類をみると、応永十七年（一四一〇）迄の四年間、山門（比叡山）、三井園城寺、高野山等に遊学した、と記されている。はたしてそうであろうか。

日隆聖人は『本門弘経抄』(隆全八―六〇二)に「此の法門は日存・日道の師弟より日隆相承申すなり」と、また「日道仰せに云く………」や「師仰せに云く………」等とあるごとく、日隆聖人は、日存・日道両聖人の教えを集大成したのであり、この点から考えると、この間の日隆聖人は、両聖人と共に在り、そして法華経本地本門八品の教えについて徹底的な研鑽が積まれた時期であると考えるのである。

その証拠に、応永十七年(一四一〇)四月には越後本成寺に日道・日隆聖人が、六月には日存・日隆聖人が、そして十二月には日道聖人が当時本迹勝劣を主張する日陣上人を訪問していることが、本禅寺日求の『童蒙懐覧集』(宗全一九九)にみえるのである。

妙本寺を出られた聖人は、宗義を研鑽、その研鑽の成果を日陣上人に向かっていったのであり、応永十七年より二十一年頃までは存・道両聖人の教学を学びとる蓄積の時代とみることができるのである。

その外、「既に二十年に及び東西に馳走し南北に往詣して此を尋ね之を求む」(妙蓮寺血脈)や、「高祖師御一期生の御抄在々所々の寺々院々にこれあり、返す返す之を秘して悉く拝見に及ばず」(十三問答抄)とあるように、日蓮大聖人の御真跡を書写するために各地に走り、しかもその困難な様子を感じさせるところに、日隆聖人の強い信仰をうかがい知ることが出来るのである。

師をこえて　はじめて報ず　師への恩　（八織庵）

七　教学の師日存・日道両聖人

純粋法華の教え、それは日蓮大聖人が私達にのこされた信心の教えである。末法（現代）に人を救い、国を救うためには、南無妙法蓮華経と唱え信ずる修行こそ大切であり、悟りを求める宗教や、この世を否定する信仰は現代を救済する教えではないことを示されたのである。

この純粋法華は、日隆聖人によって再興された。その間百数十年、日蓮大聖人がご入滅になって、その教えに対して幾多の危機に直面した。

その最も影響力のひどかったのは、天台宗の法華経観であった。伝教大師最澄によってひらかれた天台宗は、その長い歴史のなかで次第に堕落していったのである。

そのはじめは、真言密教をとり入れたことであった。日蓮大聖人が批判の対象とした慈覚や智証の出た頃であった。比叡山の延暦寺の根本中堂は、まさに密教的な本堂建築様式である。真言密教（東密）に対して天台密教（台密）と名のったのであった。

次に堕落したのは念仏思想をうけ容れたことである。朝題目夕念仏という言葉が生まれたのもこの頃かも知れない。日隆聖人がご入滅になったあと、天台宗はすべての修行を否定する天台本覚思想をつくりあげた。

これは、釈尊の説かれた法華経は本門と迹門に分かれた法華経で顕説法華、しかしこの法華経は、本門や迹門がいまだ分かれていない根本法華があるべきで、これこそが本であり、釈尊の法華経は迹であるとするのである。法華経の根本は摩訶止観（天台智者大師の著、三大部の一つ）であり、法華経より摩訶止観が根本であるとする思想で、天台大師こそ久遠根本の天台であり、釈尊は枝葉にすぎない法華経を説かれたのであるとするのである。「止観勝法華」の思想が生まれたのであった。

法華経┬本迹未分―根本法華―本―根本―文底―天台―勝
　　　└本迹已分―顕説法華―迹―枝葉―文上―釈尊―劣

この思想が急速に、日蓮大聖人の教えを守り伝える純粋法華の中に汚染してきたのが、南北朝から室町時代に入った頃であった。

特に日蓮正宗（富士派）では、この法華経観に影響され、「天台」のところを「宗祖」に読みかえ、日蓮本仏論、文底秘沈の法華経観を作りあげていったのである。

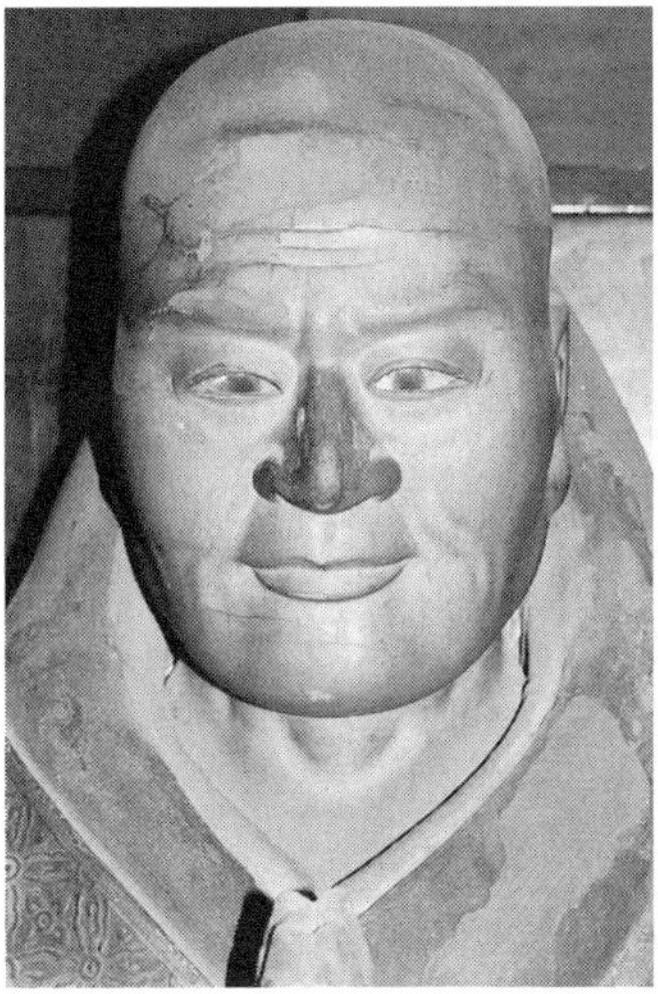
日道聖人御尊像（大本山本興寺蔵）

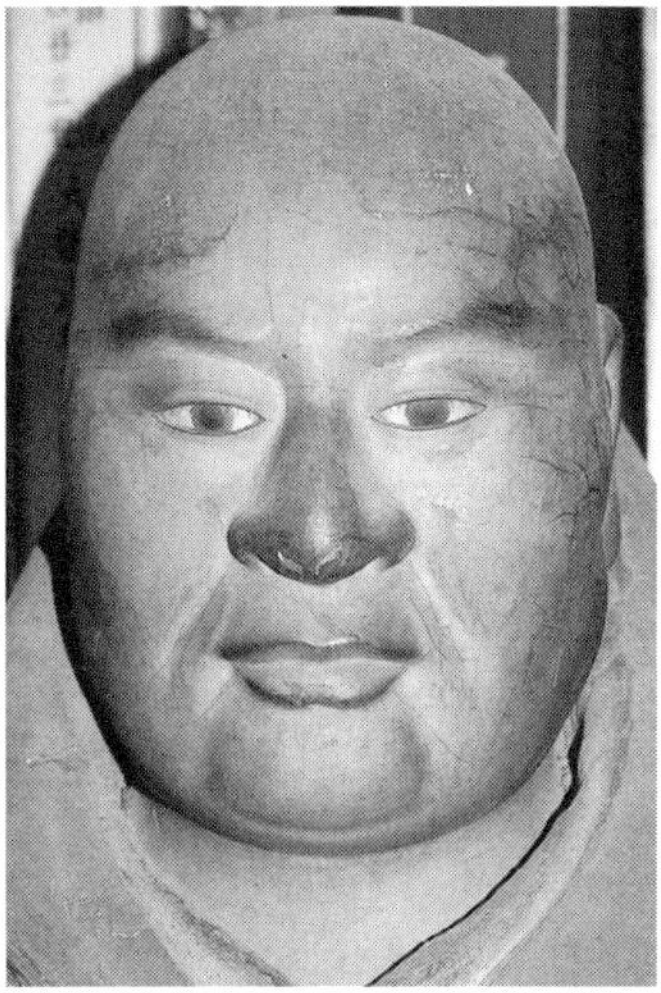
日存聖人御尊像（大本山本興寺蔵）

日蓮大聖人の教えを守るため日像聖人は京都に妙顕寺を創り純粋法華の基盤をもち、大覚大僧正、朗源和尚と、そして日隆聖人は応永九年（一四〇二）日霽聖人のもとへ参じたのであった。

教学の師日存・日道両聖人との出合いはこの妙顕寺から始まったのである。

『宗門第九再興正導師両山開基日隆大上人略縁起』（日心著）には、

「応永九年壬午師十八歳始メテ上洛妙本寺学徒好学院日存精進院日道ノ会下ニ詣ズ、此ノ二師ハ師俗姓ノ伯父叔父也ト」

とあり、

『本化正統本門法華宗八品門流再興日隆大上人御一代徳行講演抄』（日芳著）には、

上洛を応永五年としながらも、存・道両聖人のことを

「慶寿院ノ兄弟御両人……好学院日存上人精進院日道上人是ナリ、御両所ハ御兄弟ニシテ而モ御師弟ナリ」

とも記されている。

これまでの御伝記類の中で、存・道両聖人についてその俗姓について記されてあるものは、この二編で、日隆聖人の伯父叔父の説と、日隆聖人の師匠である慶寿院の兄弟であり、しかもこの両聖人は師弟の関係にあったと述べられているところに興味がある。

存・道両聖人が師弟の関係にあったということは、

「この法門は日存・日道の師弟より日隆相承申す」（本門弘経抄 隆全八 六〇一）

の文にみえる。とすれば、慶寿院の兄弟としての可能性も出てくるのである。

応永十二年（一四〇五）、師日霽聖人の御遷化に伴い、具覚月明が法燈を継承したため、妙本寺は益々堕落し、日隆聖人は応永十七年（一四一〇）月明の行為に対して業を煮やし妙本寺を退出したのであった。

日隆聖人は日存・日道両聖人と共に像師堂に止まり、純粋法華のために研鑽が続けられたのである。越後本成寺や京都本禅寺に日陣聖人を訪ね本門八品正意を確認したのであっ

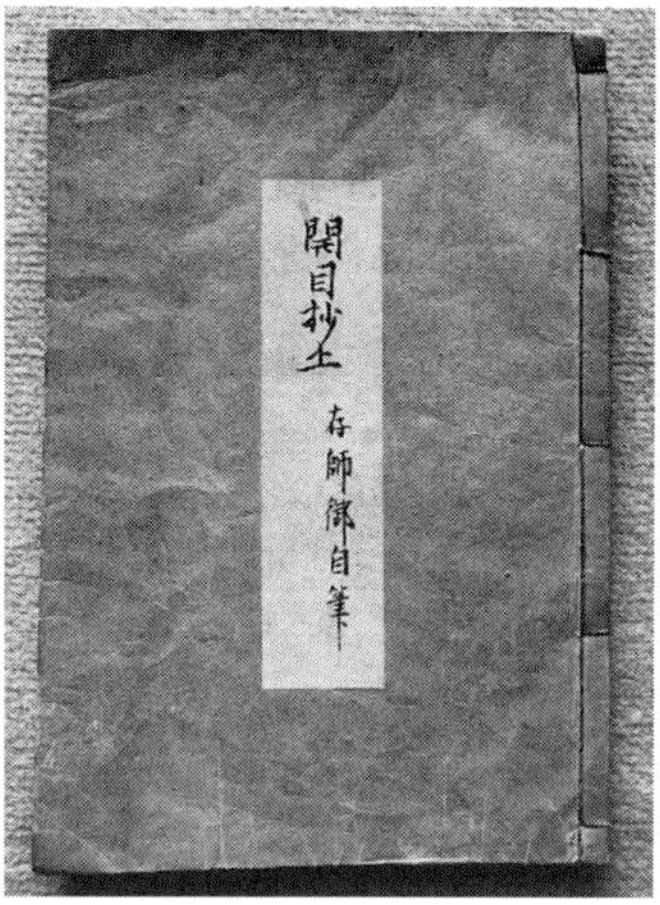

日存聖人書写「開目抄」

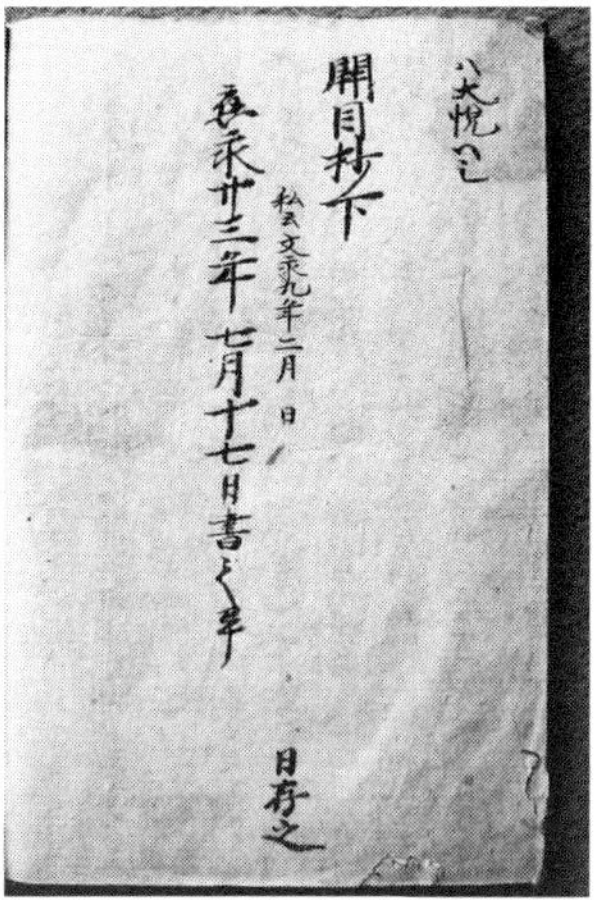

日存聖人書写「開目抄」下巻

た。

　応永二十二年（一四一五）本応寺が日隆聖人によって建立されたが、日存・日道両聖人は、像師堂に在って、妙蓮寺復興に心血をそそいでいたのである。この妙蓮寺は、日像聖人が帝都弘通を決意されて入洛した折に最初に信者となった酒造柳屋を復興したのであり、仏性院日慶に協力した存・道両聖人の努力は、外でもなく、日蓮大聖人、日像菩薩と続く教えの血脈を通すために外ならなかったと考えられる。

　『妙蓮寺内証相承血脈次第条目之事』（妙蓮寺血脈）に、日隆聖人は日存・日道両聖人の功績を述べておられる。

　「右当妙蓮寺弘通利生《りしょう》の法則は、前代未聞

日道聖人書写「開目抄」

の秀美、正像未弘の玄旨なり。所以《ゆえ》にその源を尋ぬれば日存・日道の功用にあらざることなし。既に二十年に及びて東西に馳走し南北に往詣して、此を尋ね之を求めり。然して像師の室に還りて求法の誓約を起し門流の章疏を拝し奉る。……伝燈を当時の師檀に移し、諸御抄の淵底を顕し、玄文止の教観を究む。……一一の法門に信謗を分ち並びに本門三大秘法の源底に文義を極めんや。……其の名を日存と号す。年少の古へより長大の終りに至るまで、自門の学業を勧め門徒の弘法を興す。遠近不同なりと雖も当時の学人その恩を承けざるはなし。爰を以て妙蓮寺最初建立の由来を尋ぬれば、具円悪口して云く、本迹勝劣の大辟見は日存・日道等云云。此れに依て一味同心の人数最初七人なり。与力衆の云く、弘通の所在なきに依て法命断絶せん云云。仍て日道、坊室を弘法の道場と成して数年を送る。それより已来妙蓮寺の再興単《ひと》へに誰人にあるや」

永享元年（一四二九）妙蓮寺の再興が成り、その功績によって日存・日道両聖人を妙蓮寺に加歴すべく仏性院日慶に申入れたが、拒否され尓来三十七年間飳蓮両山は義絶した。しかし、文正元年（一四六六）に本飳寺日学上人は妙蓮寺日忠上人に書を送り、両山は和融し、文明十五年（一四八三）、妙蓮寺の歴世に日存、日道、日隆の三師を加えることが決定したのである。

応永二十五年（一四一八）本応寺は月明のために破却され、日隆聖人は河内へ難を避けられた。日存・日道両聖人は像師堂に在って妙蓮寺再興のために尽力されていたのであった。

しかし応永二十八年（一四二一）日存聖人は五十八才で遷化された。日隆聖人が尼崎に本興寺を建立された翌年のことであった。また、応永三十一年（一四二四）日道聖人が遷化された。

日隆聖人の心中は、今少し存・道両聖人に存命を望んだことであろう。正法の興隆が眼前に開けてきた時であっただけに。

師の恩を　三千余帖に刻むなり

存・道両聖の　たましいここに　（八識庵）

八　出家・剃髪の師と本応寺

尼崎・本興寺には、日隆聖人の著述を格護している「御聖教殿」がある。その中に「法命集」という天台系の著述があり「善深」という法師から日隆聖人に贈られている。この「法命集」の奥書に、

「応永二十二年乙未九月十二日　於濃州安八郡平野庄北方保下宮勧学法印善深授深円了花押」

と記されている。この「北方保下宮」の意味は「下宮談義所」のことで、現在は「密厳寺」と称されているが、「勧学院」の名前で現在も通用している。「法命集」の内容は、法華経の解釈について「法華文句」を基にした「経旨」、「法華玄義」と基にした「教旨」、「摩訶止観」を基にした「宗旨」の三編から成っている。

これを撰述したのは天台宗の学僧、松林房心賀と言われ、嘉慶二年（一三八八）、「柏原談義所」を開いた貞舜（一三三四―一四二二）に伝えられた。貞舜と日隆聖人とは三十二

歳の年齢差があるが、日隆聖人の著書「名目見聞」に、貞舜の「七帖見聞」に触れている部分があり、このことから日隆聖人は貞舜に学んだと考えられ、殊に宗派を超えて所化の来集を認めた「柏原談義所」は開放的であったと言われ、美濃の「下宮談議所」にも大きな影響を与え、勧学院の善深より日隆聖人が授かったことがわかるのである。

応永二十二年（一四一五）、日隆聖人が美濃（岐阜県）のこの地におられたことは事実である。それは何故か。この「事実」に推理を加えてみたい。

この地には天台宗の寺院が多く、大垣市に円興寺（七九〇創立）、揖斐郡谷汲村に横蔵寺（八〇一創立）、可児郡御嵩町に願興寺（八一五創立）、神護寺（善学院・八一七創立）、密厳院（勧学院、八一七頃創立）があり、いずれも伝教大師の開基と言われている。

安八郡は、神戸町、北平野、南平野、下宮等がふくまれており、この平野庄の奥に北方があり、その地をさらに開墾したところを「保」と言ったのである。

平野庄は揖斐川に近く、日吉神社の別当寺院として、上宮（善学院）と下宮（勧学院）とがあり、「勧学法印善深」とあるのは、勧学院の学僧の中の善深が深円に授けた意味にとれよう。

日隆聖人は、偶然にこの勧学院を訪ねたのであろうか。妙本寺に入り、日霽聖人のもとで、日存・日道両聖人に師事して日蓮大聖人の宗義を学んで、はや十三年の歳月が過ぎている。本迹勝劣、本門八品の正意を学び、本迹一致の謬りを糾してこられ、月明の迹面本裏の邪義を諫めてこられた日隆聖人が、この年にあえて勧学院に出向かれたのは何故か、興味あるところである。

それは、日隆聖人の曾祖父、桃井直常の時代にまでさかのぼる。直常が孤立してしまったのは、共に足利尊氏と戦っていた斯波高経が、正平十一年（一三五六）、ついに尊氏の軍門にくだったからである。

北陸の雄、直常は、信濃にあって、野尻、井口、長沢の軍を集めて高経の軍を攻めたが敗北の色濃く、松倉城にのがれ、建徳元年（一三七〇）三月五日、高経の子義将と戦った直常の子直和も戦死し、活路を失ってしまったのである。

直常には三人の子息があった。長子が直尚、次子が直和、三子が直弘である。歴史の中で登場するのは次子の直和で、直尚と直弘の名は見えない。この直尚の子尚儀として誕生されたのが日隆聖人である。

直常はその後も斯波義将に戦いを挑んだ。建徳二年（一三七一）義将が能登の石動山天平寺を攻めるとき、直常は義将の本拠地、守山城を攻め義将を京都に敗走させたのであった。義将は兄の斯波氏頼に援軍を頼んだ。氏頼は大軍を得て京都より下向し、この年の八月には「五位庄」で直常の軍勢と衝突、直常はここに敗れた。

永和五年（一三七九）義将は管領となった。翌永和六年六月二日、直常は「岩瀬城」で自害したのである。日隆聖人の御生誕が至徳二年（一三八五）であるから、その六年前の出来事であったのである。

このようにみてくると、日隆聖人の御生誕から幼少年期が、この美濃の付近と関係があったのではないかと想像したくなるのである。日隆聖人が遠成寺に入り、出家剃髪されたのは応永三年（一三九六）、十二歳であった。『徳行講演抄』には、

「此の寺その所在を知る人なし」

とあって宗派の資料はのこっていないが、「両山歴譜」に「遠成寺に入り慶寿院を師として」と記されていることから「久遠実成の寺」つまり法華経につながる天台宗とみることができる。

ここで再び推理が働く。直常は建徳元年に次子直和を義将のために失った。そして直常は飛騨の姉小路家綱のもとへ難を避けたという事実である。その翌年八月、直常が「五位庄」で氏頼に敗れたとき、姉小路家綱の弟頼綱が捕らえられているのである。こうしてみ

ると、直常が自害した年齢は不明であるが、かなりの高齢ではなかったかと考えられ、直常は長子直尚と孫の尚儀をこの姉小路家綱のもとにあずけたのではなかろうか。姉小路家綱の弟頼綱が捕らえられたのは、直尚や尚儀をかくまっていたことがわかったためではなかったのか。

北方という地名の近くに「中村庄」という地名がある。現在の誕生寺の総代中村氏や、その一統は桃井氏の家老としての家系をもっており、応永二十三年、家老中村元成が「元成寺」を創したと御伝記は伝えている。そうすれば、この美濃あたりに避難をされていた尚儀の家老として中村庄の武士が、桃井氏を外護する家老として登場してくるのではなかろうか。日隆聖人が出家され、父尚儀は家老達と射水郡浅井の郷、島の里に移り、桃井氏の命脈を保ってきたのではあるまいか。

日隆聖人は応永十七年（一四一〇）の頃より独自に南都、比叡山、園城寺、そして越後の日陣聖人を訪ねて宗義の奥義について研鑽をかさねた。

応永二十二年（一四一五）は本応寺創立の年である。これについては本興寺日芳の『御一代徳行講演抄』によって初めて示された文章で、石浜日勇の『日隆大聖人徳行記』、信隆日秀の『日隆大上人御一代記』等にも記されているが、それより古い御伝記には記載されていない。

「応永二十二年乙未御開山三十一油小路高辻ト五条坊門今ノ仏光寺通リナリトノ間東側ニ新ニ一宇ヲ建立シテ本応寺ト号スナリ」（徳行講演抄）

「応永二十二年乙未御歳三十一油小路通り高辻と五条坊門の間にて一宇精舎を創立本応寺」（大聖人徳行記）

「応永二十二年油小路五条坊門ニ一宇を創し玉ひしに」（日隆聖人御一代記）

日隆聖人が、本門八品正意の精舎を建立の意志をかためたとき、幼少の学舎美濃を訪れ、ご自身が初めて出家した故郷の寺へ、報恩の御題目を唱えるための出発にされたのではなかろうか。「法命集」がこの時、勧学法印善深より日隆聖人に贈られている。

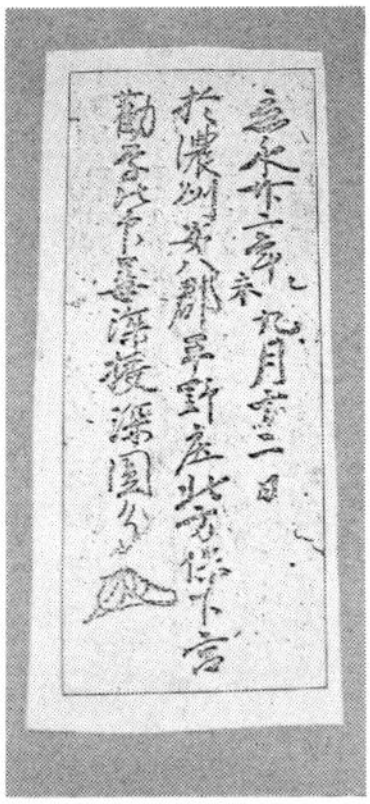

勧学法印善深より日隆聖人に贈られた「法命集」

享徳三年（一四五四）には本興寺の境内に「勧学院」を創立して、法華経を佛滅後に生かす為の教育の場を作られたが、美濃とのつながりを観ぜずにはいられない。日隆聖人は尼崎本興寺で御入滅になったが、本興寺より西方はるかに六甲の連山を望み、武庫川の清流がそのまえにひらける景色は、聖人が幼い頃に眺めた美濃の山並み、そして揖斐川の流れとがかさなって御入滅の時を迎えられた聖人の想いが忍ばれる。

遙かなる　美濃の故郷なつかしく
桃井の命　正法と伝えん　（八識庵）

第二章　燃える信火

九　家老中村元助の反乱と誕生寺創立

本応寺が創立され、いよいよ京都での布教が展開し始めた翌応永二十三年（一四一六）、越中浅井の郷において、桃井家の旧家臣中村元助が反乱を起こしたのであった。御伝記類で最も古い「日隆聖人尊縁記」などに、

「旧臣元助反逆ヲ企テ御舎兄直之公ラ頃ケ所領ヲ奪ヘリ」

と記されている。日隆聖人の兄直之公の逝去に乗じた行動であった。家老の元成はすぐさま京都本応寺に走り、日隆聖人に対し即刻越中に帰り、逆臣元助の反乱を制圧してほしいと願い出たのである。

日隆聖人は、元成の申し出に対し、御自身が出家の身である以上、戦いに臨むことの出来ない身であることを話され、元成の桃井家を護るための孝道を称えられた。そしておもむろに傍らの鏡をとり、御自身の兜甲武者装束の絵像を描き、これを元成に授けられた。

この絵像こそ日隆聖人の全身であり、桃井家の主将としての威風堂々たるお姿であっ

た。元成は早馬で故郷に持ち帰り、絵像を掲げて越中の軍勢を集め、元助の軍に相対したのであった。元助は元成がひるがえす日隆聖人の絵像をみて驚き、恐れをなして武器を捨て、自らの罪をわびて切腹したのであった。

家老中村元助の反乱に当り、家老中村元成に授けられた「お馬の絵像」

この絵像は聖人御歳十二歳のお姿で、乗馬の武将姿である。現存しているかどうかは不明であるが、射水市の誕生寺や本光寺、北九州の本光寺には伝承された絵像が存している。

直之公の逝去、日隆聖人の帰郷が不可能の状態となった今、元成は桃井家の家運が絶えてしまうことを心配したが、日隆聖人が導かれた法灯を継ぐことが桃井家の継承になることを自覚し、聖人の弟子となって剃髪、日永と名を授けられた。日永は自邸を寺とし、元成寺と称したのである。

この元成寺は本成寺と名を改め、さらに本紹寺と改められている。その後慶長六年（一六〇一）国主の命により高岡古定塚に移された。島の本成寺には、御真骨堂、御廟、御誕

誕生寺「御真骨堂」

日隆聖人誕生の折、涌出した誕生水

生の霊水井戸が残っていた。承応二年（一六五三）国主の命により、高岡市片原町に移転し、本光寺と寺号を改めた。そして島の元成寺の跡は「島の番神堂」と周囲の人たちに呼ばれていた。本光という名は、桃井家主君の呼び名であったと言われ、それに因んで寺号を付けられたと言われ、金沢や加賀大聖寺にも後に本光寺が建てられ、北陸三本光寺として有名である。因みに高岡市の本光寺は現在射水市本田に移転されている。

島の番神堂は、その後本堂の新築が発願され、嘉永三年（一八五〇）上棟式を上げ、誕生院と名付けられた。こうして次第に寺観を整え、安政二年（一八五五）には御真骨堂に、高さ一丈二尺の二重宝塔が寄進され、明治十二年（一八七九）「誕生寺」と寺号が公称されるに至ったのである。

元成の
遺志桃井家を信心の
こころ伝えん
誕生の寺　（八識庵）

十　六人の刺客と三井・本厳寺

淀川の水運は、瀬戸内の延長として古くから西国との交通に欠くことのできない要路となっている。それは、琵琶湖を水源として、近畿の中央部を斜めに流れ、大阪湾にそそぐ全長七十四キロメートルの大河である。

はじめは瀬田川となって琵琶湖から流出し、京都府内に入って宇治川とよばれ、山崎の狭隘付近で右岸から桂川、左岸から木津川の二大支流をいれ、大阪平野を南西に流れて河内と摂津の境をなし、途中、江口で神崎川を西北に分け、毛馬で南にわかれて大阪にはいる。大阪城の北方で寝屋川を合わせて西に流れ、堂島川と土佐堀川とに別れ、そのあいだに中之島をはさみ、安治川、尻無川、木津川に分流して大阪湾にそそぐ。江戸の頃には、江口、橋本、淀、伏見などの船着き場が有名である。

応永二十五年（一四一八）日隆聖人は、日存聖人、日道聖人と共に妙本寺の堕落した状態を糾すため帰山した。しかし、寺に僧兵をやしない、折伏を忘れ摂受の教義を主張し、日蓮大聖人の教えを忘れた寺の有様に失望した三聖人は、再び妙本寺を退出して内野の本応寺にもどった。これを知った妙本寺の月明は、日隆聖人を首謀者ときめつけ、刺客を送った。西尾宮内、桜井彦十郎、吉川勝十郎、田中蔵人、尾崎伝内、水野半左衛門の六名である。難を避け、五条西之洞院妙蓮寺の大成功に身を隠したが、六人の刺客が聖人を襲った。曼荼羅御本尊の前に法華経を開き、音吐朗々と読経を続けられている。刺客の六名は息をのんだ。日隆聖人の威厳にみちた姿、響き渡る読経の声に、どうしても切ることが出来ない。砕けるように六人はその場にひれ伏した。聖人はしずかに語りかけた。末法という滅後の今を救う教えは何か。無仏の時代に生をうけた人間の資格は、仏になるために何を為すべきか。六人は心が洗われるような気持ちになった。

河内三井の本厳寺

翌朝、京都を離れ歩き始めると、六人の刺客は、聖人の道中を守ることを願い出、七人の旅となった。日暮れに近づいた頃、河内は三井の村に着いた。何故三井へ赴いたかについては、「日隆大聖人徳行記」に、「幸い河内国茨田郡三井村に我等が知己の者住めり、役所は辺鄙に属すれども世を潜ぶには窟境なり、大聖人には暫くこれに潜り玉ひて月明の挙動を見玉へかしと真実面上に顕れて最頼母しくて聞こえける」と記されている。また「徳行講演抄」には、「河内国三井村ニ我等少縁アリ一先ツ斯地ニ蜜カニ御供仕ラントアリケレバ」とある。日隆聖人の一行は陸路で三井をめざしたと考えられる。それは、山中洞ケ峠を越え、男山八幡をぬけると、八尾街道へと続く。これを西に進むと三井の里に出る。その昔、右大臣菅原道真公が筑紫へ流された折の祠が残されている。こうしてみると、この村には古くから京都の文化が入っていたとも考えられる。

村の老翁二名が日隆聖人を自分の邸に招きいれ、丁重に挨拶されたのであるが、周囲がざわめいている。聞くと、この村に今、疫病が流行していることを話し、病気の平癒祈願を聖人に願い出たのであった。早速祈願が始められた。村落の家々を廻り、病人に先祖の供養と平癒の祈願をつづけ、今は聖人の従者となった六人も村人のために奉仕を続けた。やがて村に平和が訪れた。

聖人は、老翁が集めた村人達に、法華経による信心を説き、村人はこぞって法華経の教えに帰依したのであった。御伝記の多くは、「老翁をはじめ、並み居る人々は只感涙に噎《む》せ返り即座に改宗転檀して受戒を請ふ者少なからず」、「講演無碍一邑悉く受戒す」、「一村忽ちに帰伏す」とあり、村民の文化的な土壌の高さが、聖人を迎える姿勢にうかがえるのである。

村人達は精舎の建立を願い出、「本厳寺」が創立された。日隆聖人に帰依した刺客のうち、田中蔵人には慶乗、桜井彦十郎には実祐と、それぞれ法名が授けられた、この村には今も、田中、桜井、西尾、尾崎の名を称する家が数多くあるという。この地に土着したのであろう。本厳寺には日隆聖人ご直筆の石塔婆があり、長さ三尺、幅七寸三分の角塔婆で、四面にお題目を書し、傍らに「応永二十五年十二月建立」と刻まれている。当時、境内には六坊または八坊の塔頭を有し、本法寺と是感坊の名称が見える。今の本堂は、是感坊の跡地に建てられたとされている。

一説では、三井村にあった天台宗本法寺の円澄法印が日隆聖人と法論を行い、帰伏したことが言われている。「日隆聖人御一代記」に、三井村の香花所本法寺円澄法印と書かれており、ほかの御伝記には記述がない。

日隆聖人が月明の難を避けるために京都を離れるとき、日道聖人がその行き先を示されていたことが「徳行記」の中で示されている。「摂州尼ケ崎辰巳の浜に二郎五郎と云へる者あり。野納往日や仮地に弘通し本門の戒を授けおけり、聖人時を待ちて仮地に往き宜しく大法を興隆せさるべし。此処に本門有縁の霊地なりと語り玉ふ」。尼崎はその当時、有数の港として栄えており、二郎五郎は米問屋として、米だけでなく、塩やその他の品物を運ぶ名主であったと考えられる。妙本寺の檀徒として日道、日存両聖人の教化をうけた熱心な信者であったことがわかる。布教の目的地となる場合は、必ず何らかの縁故があることが考えられる。目的のないまま布教にでることは考えにくい。日蓮大聖人にしても、その門弟にしても、外護者の領地に布教したり、有縁の信者のいる場所へ布教している場合が多いことから見てもそれがわかる。

本厳寺が創立され、河内一帯に日隆聖人の布教が展開されると、このことはやがて月明の耳にも入ったことであろう。日隆聖人は、応永二十七年（一四二〇）この三井村をあとにして、尼崎へと歩を運ばれたのである。いま、北河内には、枚方に大隆寺、木屋に本信寺、寝屋川に妙円寺、黒原に正立寺があり、そのほかにも砂の妙法寺、中宮の真浄寺を合わせると八か寺がある。淀川は昔も今も清い水をたたえて流れている。

淀川の　清き流れに法のせて　尼崎浜　法の華咲く　（八識庵）

十一　尼崎・本興寺建立成る

尼崎は地形からみると、尼崎辰巳の港から東西にひろがる町並みである。海岸線に沿ってひらけており、北の方角には長洲と称する神崎川の支流があり、そのほかは湿地帯が多かったようである。

辰巳の近く、米屋二郎五郎の宅に止宿した日隆聖人は、この港町に布教を展開したのであった。二郎五郎夫妻の信心は厚く、聖人は「竹中」の姓を与え、屋号を「呼米屋」と名乗らせた。現在は東町と呼ばれているところが宅跡である。また、西町に住んでいた「小浜屋」の某は、聖人の教化をうけて改宗し、聖人より「芝」の姓を賜り、法号を「行妙」と授けられた。

竹中姓を継いだ二郎五郎の家系は、代々塔頭本教院の檀徒として栄えたが、芝家の家系は現在も尼崎に残っているということであるが、後に法華信仰を捨てたようで檀家の名は残っていない。

しかし、こうした御伝記の記載をもとに考えてみると、日隆聖人の教えは町のすみずみまで浸透していったに相違ない。長洲には、本興寺より七十年以前に創建された京都本法寺の末寺、長遠寺があり、中本山格の寺として栄えていたが、長洲の集落を中心としたもので、辰巳までは布教が行われていなかったようである。

管領細川右京太夫満元が日隆聖人の前に現われたのは、こうした時であった。

室町時代における幕府政治の根幹は、

将軍――管領――守護――守護代――地方武士

これがその命令系統である。

そもそも管領の権限は、それほど強いものではなかった。

初代の将軍尊氏は、将軍の独裁政治の実現が夢であり、鎌倉幕府を開いた頼朝の政治を復活することであった。政治機構をうけついだ体制は、執権政治であり、侍所《さむらいどころ》・政所《まんどころ》・問注所はそのまま引き継がれ、越訴方《おつそがた》・仁政方《じんせいがた》・恩賞方《おんしょうがた》などの部局が置かれ、これらの責任者である頭人《とうじん》をもって評定衆が設けられた。しかもこれらの部局は将軍に直属していて、すべては将軍が決定するという形態であった。

この制度を改革し、管領の権限を強くしたのが、義満の時代執事として活躍した細川頼元であった。それまで将軍家の家政機関にすぎなかった執事の職を、政治上での最高責任者の位置にまで高めたのが細川頼元である。

この職を一般に管領と呼ぶのである。管領のあつかう仕事は、幕府の諸機関を統卒することであり、評定衆・引付衆の行う重要な評議事項、つまり領地や年貢の訴訟、領地の安《あん》堵《ど》、恩赦の評定を指揮することであった。細川頼元はこのように強い力を持つようになったのである。

この細川頼元から三代目の管領が細川満元であった。当時摂津の管領であった満元は、尼崎の邸に滞在していた夫人が懐妊、なんとしても男子の誕生を願い、占考師《うらないし》の卜部掃部頭を呼び胎児の姓別を占ったのであった。

「胎児ノ御子ハ女子ナリ、若シ男子ヲ得ント欲セバ、人力ノ及ブ所ニアラズ、仏神ニ祈ルベシ」

「領主ノ云ク、行者誰ナランヤ、相者又勘ヘテ云ク、辰巳（巽）ニ当ル旅僧ナラン」（以上『両山歴譜写書継稿』）

満元は辰巳の浜に日隆聖人を尋ね、胎中の女人を変成男子せしむべく祈願を願ったのであった。

「館舎ニ止リ一七日間、丹誠ヲ抽シテ慇懃《いんぎん》ニ祈誦セリ、期至リテ出産、平安ニシテ男生マルルナリ」

この男子は細川持之、つまり細川勝元の父である。

満元は、男子誕生を喜び、

「領主ノ歓喜色ニ顕レ、恭信色ニ発ス」

尼崎本興寺の旧地、尼崎城趾碑

「何ヲ以テカコレヲ謝セン何ゾ所望アランヤ」

「師云ク、珍奇重宝アエテコレヲ望マズ、但シ吾レ、精舎一宇建立ノ志願アリ」（以上『両山歴譜写書継稿』）

　日隆聖人の法華の道場建立の願いに満元は八幡宮の境内方八町を提供して霊場建立の許可を与えたのであった。

古来より、旧本興寺（元和三年に現在地に移転）の敷地は八丁四面と言われてきたが、寛永十年の『両山末寺明細』に

本興寺

寺領門前六町二畝二十歩　此地子料足六十四貫五百文也

右者元和三年迄寺納仕候　御城屋敷被成候而以来寺納不仕候

このように、本興寺は寺領を含んで方八町であったことが知られるのである。

日隆聖人は早速八幡宮に詣で法味を献じ、八幡大菩薩の僧形を拝し、錦の御戸帳が片方だけにしかないことに不思議を感じ、禰宜にたずねたところ、今から四十数年以前に、この八幡宮に伝わる神剣と共に無くなったと言うのである。

日隆聖人は、懐中より錦の袋に入った宝剣「長一丸」を出して、改めて、この御戸帳の錦織と同じものであることに驚いたのである。

本興寺に所蔵されている御戸帳は、昭和五十六年の調査で、鎌倉時代の織物で「大和錦」と称するもので、極めて貴重な織物であることが判った（丈一〇二センチメートル幅二八センチメートルのもの二枚）。また、日隆聖人御所持の守刀「長一丸」は鎌倉時代の無銘であるが、先年文化庁の鑑定によって、江義弘の作であることが判ったのである。

日隆聖人が堀られた「御霊水」

この年日隆聖人は三十六才であるから、この八幡宮から消えたのは聖人出世の直前ということになる。

禰宜はこの出来ごとに驚きのあまりその場に座りこんでしまったほどであった。

この地に本興寺が建立されたのである。

以上、本興寺建立の縁起については、従来現存する御一代記のすべてがこの不思議な出来ごとを記している。但し、境内八丁四面については、先に挙げたように訂正されるべきであり、建立の年月についても、一年の歳月で伽藍の完成をみるのは不可能であり、少くとも三年乃至四年が費やされたとみなければなるまい。

『両山歴譜写書継稿』には応永三十三年迄

の記載が殆んどなく、応永二十八年（一四二一）三月二十六日日存聖人がご遷化されたのと、同三十一年日道聖人が遷化されたことが記されてあるのみである。

このことから考えてみると、本興寺の完成は応永三十一年頃ではないかと推測される。建立に当っての資材の調達は米屋二郎五郎の力に依るところが大であった事も予測できる。

本興寺の名称は「本門八品再興教寺」から生まれた寺号であり、日蓮大聖人より連綿と守られ伝えられた純粋法華の教えをここに再び興すために建てられた精舎なのであった。日隆聖人は境内の一隅に井戸を掘り、良質の水を町の人達に与え、塩分の多いこの地では、本興寺の井戸を「御霊水」と呼び、「金水」と称したのである。

旅僧の祈願に　満元功徳積み
まことの成仏　精舎とともに　（八識庵）

十二　応永の頃の尼崎と米屋二郎五郎

水上交通の要港として栄えていた尼崎は、活気にあふれていた。

日隆聖人がこの尼崎の地を訪れたのは応永二十七年（一四二〇）であった。

北河内三井の本厳寺を創立した聖人は、淀川から神崎へ、神崎の港からさらに川をくだると尼崎辰巳の浜へ着く。この水路は伏見、京都へと続く要路となっていた。

辰巳の浜へ着かれた聖人は、早速米屋二郎五郎の邸を訪ね、ここを布教の根拠として日夜法を説かれたのであった。

伝説によれば、米屋二郎五郎はかなり大規模な米の商いをしていて、西国の米を京都に運送していたことから、京都妙顕寺の信徒となり、日存・日道両聖人に帰依していたと言われている。日隆聖人が二郎五郎の邸を訪ねられたのは、日存・日道両聖人のすすめがあったからであると言われている。

そこで、その当時の尼崎はどのような町であったのか、そして米屋二郎五郎はどのような立場にあったかを探ってみたいと思う。

神崎の港には、南北朝の頃より関所が設けられ、料所として港に出入りする船から「升米」を徴収していた。積み荷の米一石について一升、つまり一分を徴収するのである。

次には材木である。瀬戸内海を通って送られてくる社寺造営用の材木は、尼崎を中継港として京都や奈良へ運ばれた。これにともなって木材売買をする商人、大工（番匠）も多くいたようで尼崎番匠と呼ばれていた。応永三十四年勝尾寺（箕面）の食堂上葺の造営が行われたが、それに要した材木は尼崎で調達されている。榑も多く作られていたようで「榑屋」と呼ばれていた。淡路、阿波、土佐、紀伊の材木も紀淡海峡から運ばれていた。

このように商業都市として発展していくうちに、都から遠くはなれた荘園の年貢の輸送にも商人が介入して、銭納の年貢が為替で中央に送られるようになり、割符屋（替銭）なども いた。西国備中新見庄（岡山県新見市）には市場があって、摂津や播磨の商人達が市のたつ日に集まり、庄官や名主と売買を行った。年貢と商人に売った代金を領主に送るのである。その折に振り出した為替を割符屋が銭にかえるわけである。

ここで米屋二郎五郎について推察してみたい。

尼崎には「名主《みょうしゅ》」と言われるものがあった。これは、物資の輸送、管理、仲介取引な

尼崎の旧城下町に残る民家

どに従事する職業で、年貢米の集まる港に居住して、倉庫をかまえ、年貢米の保管、船舶の調達、宿所の提供等を行ったのがはじまりでやがて商品の売りさばきをも兼ねた卸売業（問屋）を行うようになった。尼崎の「名主」は米は勿論、海産物の卸売問屋ともなっている。

米屋二郎五郎の職業は、単なる米屋ではなく、この「名主」ではなかったかと想像されるのである。後に日隆聖人が西国へ弘通を展開されるのであるが、兵庫三川口、淡路、備中、牛窓、宇多津と、わずか五年間に布教体制を確立できた背景には、二郎五郎の「名主」が大いに役立ったのではなかろうか。

日隆聖人が尼崎を訪れた丁度同じ年に、朝鮮から宋希璟という官人が使者として尼崎を訪れている。彼は前年の応永二十六年に李氏朝鮮の軍が、倭冦撃滅のため対島に来襲した「応永外冦」の交渉と調査のためにやって来たのであるが、その見聞録『老松堂日本行録』を残している。

その中で、尼崎を通ったとき、尼崎の農村は三毛作が行われていると記している。麦、稲、そばを一年かかって作る高度な農業経営に目をみはったのであろう。それだけでなく、尼崎近辺の西宮宿や瀬川宿を通ったとき、この附近には寺社や僧侶がむやみに多くいて、人間の数が多すぎ、それに飢えた者や病人が道ばたにうずくまって旅行者に物乞いをしている。三毛作という高度な農業をもちながら、日本人は慈悲を知らないのかと憤っている。

この第三者の目で観察した尼崎の姿は、日隆聖人が巷で布教されている姿と重ねて考えてみると、その当時の情景が浮かんでくるようであった。飢えに苦しむ人、病気に苦しむ人々に対して聖人は法華経の功徳を説き、正しい信仰について語りかけられたのである。

当時の尼崎の農村は決して豊かではなかったのである。田地としては、杭瀬米のとれる地域くらいで、ほとんどが悪田であり、湿田であった。日隆聖人が来られる前年、隆祐という僧侶が、生島村（名神尼崎インターの西）の田地一反をその弟子良祐に譲り与えた文書があるが、その田地もひどい湿田で、排水が出来ず、二毛作もできない、それだけでなく分解不良な有機物が多く、有効な無機物の供給が不足するという劣悪な土壌のために収穫量も少ない。しかも毎年の耕作が不可能なありさまであった。

宋希璟の見た飢えた者や病人達は、こうした悪田を耕して苦労する農民の没落した姿だったのかも知れない。

一方、尼崎の町並みは、応永十八年のころは、「道阿弥陀仏地」や「絹屋地」の屋敷地の名前がみえる。この道阿弥という人物は、長洲御厨《みくりや》の番頭（番所司）の一人で尼崎時宗門徒であった。絹屋の方は、絹布、生糸、真綿、衣服等を扱う商人でどちらも有力者であった。

その後、魚崎町、市庭南町など漁業や商業に関係した町割りが確立し、その町の中で、武士が二間、三間の間口をもつ屋敷を所有していたようである。道阿弥や絹屋の外に、白郷正信、富田中務、同越前守重春、それに大覚寺（現在の寺町）が地主として名前を残している。

このように尼崎という町には、さまざまな職種をもつ人達が集まっていた。経済の町尼崎と言っても言い過ぎではない。

日隆聖人は、眼病をわずらう人達に「お茶湯」で眼を洗わせ次々と病人を救っていかれた。盲目の眼がひらき、法華経の有難さが人から人へ伝えられた。つい最近まで御開山堂には「お茶湯」が置かれ、盲目の眼がひらいた例がいくらもあり、「眼のかみさま」と仰がれている。

飢え病い　苦しみびとの　手をとりて
下種益を説く　法華の旅僧　（八識庵）

十三　北陸巡化・色ヶ浜本隆寺

応永二十三年（一四一六）、家老中村元成は出家し日永と改め、自邸を寺にして八年後、遷化。その三回忌を迎えて墓参のため、日隆聖人は応永三十三年（一四二六）、久しぶりに故郷の土を踏んだ。四代前の直常が越中の守護職となって、この地を支配して以来、戦に明け暮れた年月、足利尊氏の北朝政権と袂を分かち、後醍醐天皇の南朝方について奮闘した年月、数知れない民を殺し、苦しめた歳月を想うとき、その罪障消滅と、日永の法楽と多数の霊に法味を捧げた。

無事に故郷での行事をすませた日隆聖人は、帰途を越前に向け、丹生郡西田村に至り、曾祖父直和の子「幸若丸」を訪ね、そこから「河野浦」に至り、海路敦賀をめざした。「幸若丸」は後世「幸若舞」など能の舞いなどで有名であるが、その子細は分かっていない。また、直和については「桃井家系図」（江戸期書物奉行浅羽三右衛門書）によれば、曾祖父直弘の兄に当たり、「従五位下中務少輔」と記されている。

色ヶ浜に浮かぶ水島

「河野浦」より約二〇キロ海路を敦賀に向けて出発した日隆聖人を乗せた船は、突然天候が悪化し、大しけとなって小船は大波にもまれ、木の葉のように海面に舞い、今にも海中にのみ込まれるほどであった。吹きすさぶ風に任せ、船は「色ヶ浜」の浜辺に座礁したのである。

日隆聖人は同乗の人々の手をとり、砂浜ぞいにある刀禰《とね》という名の家の前に立った。そしてその光景に驚いた。疫病のため、この浦一帯の者がほとんど病床に臥している。刀禰の老婆は日隆聖人の姿を拝した。なんとかしてこの病気に苦しむ人たちを助けてほしいと懇願するのであった。この地域は禅宗の信仰が弘まっていたが、こ

日隆聖人が病気平癒を祈願した本隆寺番神堂の台石

の老婆に妙法経力の功徳を説き、「柴田」の姓を与えられ、早速この老婆の家で当病平癒の祈願がはじめられた。たちまち家は救いを求める村人でいっぱいとなり、日隆聖人は浜辺の巨石の上に扶坐してお題目を唱え続けられたのである。やがて村に平和がおとずれた。村人の病気が治り、日一日と元気になっていった。村人はこぞって法華経のすばらしさを称え、聖人の偉大さにうたれた。やがて村人から精舎を建立してほしいとの希望が出された。当病平癒を祈念した浜辺の巨石の上に須弥壇を設け、その壇上に御厨子を安置した。聖人はこの精舎を「本隆寺」と命名した。この巨石は、祈祷石、高座石と呼ばれて、近年は安産祈願のために訪れる人も多く、唱題の声が絶えないという。

塩たむる　ますほの子貝拾ふとて
　色の浜とは　いふにやあるらん　（西行法師）

小萩きれ　ますほの小貝小盃　（芭蕉）

日隆聖人は、あらためてこの地が素晴らしい自然美の景勝地あることを感じられ、すでに信者となった村人たちと共に船を出して水島へ渡られた。水島は三つの島にわかれていて、一番大きな島が大島である。島の周囲は岩石でおおわれているが、島内は水も湧き出ているために、松の緑が美しい。

島の遙か北に明神崎がみえる。丁度越前敦賀の西南に当たり、山つづきに若狭、近江とつながり、そこから西北に突き出した山陰を西浦という。この間に名子浦、田間浦、常宮浦、踏の浦、手の浦、色浜浦、浦底浦、白木浦の八浦がある

西浦の突き出たところが立石崎である。この地は平地がなくてすべて白砂である。色ヶ浜の北にあたる山を「栄螺《さざえ》岳」と言う。山の形が栄螺に似ているという発想はやはり漁村らしい。

明神崎の山の東に「猪ノ池」という池がある。昔、近くに住む猪之助という若者がこの

池で金魚丹に似た三〇キロあまりの魚を釣りこれを食べたが、その後猪之助は池に吸い込まれるように死んだ。村人は口々に「土人魚」のたたりだと言ってこの池を「猪ノ池」とよぶようになった。また、敦賀湾には湾内に鈴ヶ崎、金ヶ崎、立石崎の三崎があり、上の常宮浦に神巧皇后の祠がある。浦底と色ヶ浜との間に「蛇淵」という所があり、人がこの淵に近づくと大蛇が出て人を害することがかつてこの地を訪れた日像菩薩の耳に入り、今より以後は善神として往来の人を守護すべく祈祷をされた。本隆寺中興隆勝院日傾大徳はこの海岸の岩石に御題目を刻んだ。

応永三十三年の今、日隆聖人は秋の暮れ、槐樹《えんじゅ》の色が美しい夕映えの中に立って合掌された。小船が家路を急ぎ、水鳥が群れをなして空に消えていった。

見渡せば　詠め妙なる色の浜　村の家居も賑わひて　寺居に絶えぬ法の声
峰の嵐の誘い来る　水の小島へよる船の　見あかぬ浦の景色かな　見あかぬ浦の景
色かな

日隆聖人は静かに謡曲を詠じられた。

十四　敦賀への弘通・本勝寺周辺

色ケ浜での教化は、日隆聖人にとって、越前における法華弘通の祥瑞となった。法華経にめぐりあった喜びで村々に活気がよみがえった。「妙とは蘇生の義なり」と宗祖の言葉があるように、人々は生きることの喜びをかみしめているようであった。

日隆聖人は村人を集め、再会を約して信心に退転のないよう、お題目を唱える生活には必ず妙法の功徳がめぐってくることを語りかけたに相違ない。

尼崎へと帰りをいそぐ聖人を乗せた船は敦賀へ向かった。この船に乗っていた呉服商の紺屋五郎右衛門は、船中で聖人が色ケ浜で多くの村人を助けた話を聞き、法華経の経力とお題目の功徳力に感銘をうけ、更に深い教えを聞きたいと、聖人に今宵の宿を是非私の宅にと願い出た。夕暮れの敦賀の浜に船は着いた。応永三十三年（一四二六）八月十一日のことである。

紺屋五郎右衛門の家は、代々真言宗で、この地の氏神、気比大明神の社僧である大正寺

敦賀「本勝寺」の門前

の檀徒であった。大正寺の住職は円海法印と言い、碩学として名を知られた僧であった。

紺屋五郎右衛門は日隆聖人の穏やかな姿と深い教理に聞き入って、説法は夜がしらじらと明けるまで続けられた。

翌々十三日の朝、紺屋五郎右衛門は菩提寺大正寺を訪ね、円海法印に法華の旅僧日隆聖人のことを報告した。殊に、法華経本門の教えの前には、真言の教えなど亡国の教えであることも忘れずに。円海法印は、その日隆とやら名乗る旅僧を呼び、すぐに勝負を決しようと紺屋へ命じたのである。

問答の内容について述べられているのは、この「本勝寺歴譜」のみである。このことは、本勝寺が人王五十一代平城天皇大同元年、空海の弟子故円海法印の創立になる名刹であり、応永三十三年の今よりさかのぼれば一六二一年にわたり、法灯六十代を守り通してきた伝統が、日隆聖人の折伏によって真言宗より法華宗に一転するという大事件なのであり、寺歴として後世のために書き置いておかねばならない責任があったと考えられる。こうして法論が開始されたのである。

一、末法の愚者の成仏は法華経本門の要法に限る。（釈尊のご入滅後、時を経過していくうちに釈尊の教えを理解する者が少なくなり、末法という現代になると、釈尊の「教え」のみがのこって、行〈修行〉も証〈さとり〉も取得できない人間ばかりになっている。この意味で末法の愚者と言うのである。その愚者の救済は、戒〈戒律〉、定〈禅定〉、慧〈知恵〉の三学を、信心によって得ることのできる本門の本尊、本門の戒壇、本門の題目三大秘法総在本門八品上行所伝の南無妙法蓮華経こそ、法華経本門の要法であることを示されているのである）。

二、真言の理具、加持、顕了の三種の即身成仏は改転の成仏にして真の即身成仏ではない。真の即身成仏は肉身当体を改めず本因下種の信心の位に入ることを言うのである。（法華経以外の諸経には二条〈声聞・縁覚〉の成仏は説かれず、したがって九界〔菩薩・縁覚・声聞・天上・人間・修羅・畜生・餓鬼・地獄〕の成仏は不可能であった。しかし、法華経本門において釈尊の寿命が永遠なることが明かされ、初めて二乗が成仏でき、九界の成仏もゆるされるのである。私たちの信受するお題目の信心のなかに成仏の姿があり、男は男のまま、女は女のままに成仏するのである）

三、真言の邪法のために世の中が乱れ、政治を混乱させ人々の心を迷わせた。（その昔、平城、嵯峨両天皇の時代に空海の真言密教を採用したために、天皇の権威は失墜し、保元・平治の乱、やがて承久の乱が起こり、覇権主義の社会を生み出し、政治の安定が失われた。これこそ真言亡国の証拠である。そのためにも方便の教えを捨て、謗法を一掃しなければならない）

四、末法の信心は南無妙法蓮華経を聞き、唱え、信ずる三大秘法総在の要法であり、これを釈尊は本化上行菩薩に付属されたのである。（私たち末法の衆生は、聞法、唱題、信心の中で成仏が可能なのであり、名字即という信心の出発点に自分自身を置いて修行するのである。永遠なる出発点、それがお題目を唱える信行なのであり、そのお題目は万善万行の功徳をおさめた要法なのである）

三夜三日の法論の間、大正寺の僧侶や信徒はこぞってこの法論を聞き、食事をはじめ一切の給仕をされた。やがて三日目の夜、円海法印はおもむろに自ら真言の数珠を切り、八品所顕のお題目を唱えられたのであった。法論に敗れた円海法印は即座に日隆聖人の会下に下り、法華経の信心を誓ったのである。

日隆聖人は大正寺を改め、本勝寺とされた。これは大の字に十を加え、正を勝に改めてつけた寺号であるとされ、十界九遠凡聖下種之勝能を顕すと記されている。円海法印は正法院日従上人と名を授けられ、弟子の円珠、覚円、照円の三律師も改宗、紺屋一統、橋爪一統が法華宗に改宗した。日隆聖人は、紺屋に安田の姓を与え、五郎右衛門に妙源、その夫人に妙徳の名を授けられた。日従上人は翌年応永三十四年本勝寺を退出し、一乗が谷朝倉の城下に赴き、妙法弘通にその生涯を捧げ、正法寺を創立し、永享三年一月二十八日遷化された。八十三歳であった。

この本勝寺の近くに本妙寺がある。本妙寺の創立は永和元年（一三七五）で、妙顕寺三世大覚大僧正妙実聖人の弟子、信解院日敬上人が創立した。天正八年（一五八〇）に移転し、西の境が本勝寺の岸となっている。その間いつの時代かに妙蓮寺の末寺になっている。ここで考察されることは、日隆聖人が西国弘通の折にみられる大覚大僧正の足跡を巡拝されたことである。伊丹の妙宣寺、神戸兵庫の久遠寺、淡路の妙京寺、同じく淡路の妙勝寺、岡山牛窓の本蓮寺等があり、その足跡を巡化された日隆聖人はこれらの寺寺を法華宗に帰属させ、教線を拡げていかれたわけで、色ケ浜から敦賀に向かった聖人の意図するところは、大覚大僧正のゆかりのある本妙寺にその目的があったのではなかろうか。日隆聖人が敦賀到着の夜止宿した紺屋五郎右衛門は、大正寺の檀徒であったが、本妙寺とも関係があったのではなかろうか。或いは一族のなかに本妙寺の檀家がいたのではないか。現在本妙寺の檀家総代である安田英司郎氏は紺屋五郎右衛門と繫がりがあるのではないだろうか。

八品の　法鼓とどろく　敦賀うみ　（八識庵）

十五　京都・本能寺の建立と河内加納の法華寺

足利尊氏の弟直義は、関東を支配する役についていたが、幕府の弱体ぶりを伺っていた北条高時の遺子時行が、建武二年（一三三五）に兵を挙げ、直義の軍を破り、鎌倉は再び北条の手に落ちたのであった。尊氏は自ら征夷大将軍を名乗り、たちまちのうちに時行をやぶり、鎌倉を取り返したのである。これが中先代の乱である。丁度高時までを先代、尊氏から後を後代と言い、この時行を中先代と呼ぶことからこの乱を中先代の乱と言っている。

これを期に、尊氏は後醍醐天皇と対立、この頃斯波家長を奥州の管領に任命している。桃井直常は、この尊氏の反旗を許すことが出来ず、天皇方につくことになるのである。尊氏はさらに新田義貞討伐の奏状を朝廷に出し、関東に於ける天下取りの争いが展開されていったのである。一時は尊氏も奥州北畠の軍勢に押されて京都まで退却、九州に援軍を求めた。そして戦局をもりかえして後醍醐天皇の帰京を申し入れ、新田義貞を追放する方策に出たのである。

この間、九州より東上した軍を迎え撃った楠木正成は、激しい戦いを交え、この時正成は自害したのである。

その後観応元年（一三五〇）、突如として直義が南朝方に和議を申し入れ、尊氏と直義は対立することとなり、正平十年、桃井直常は直義と共に尊氏を近江へ攻め、斯波氏頼も直常に味方している。しかし翌十一年には、尊氏の軍が斯波高経を攻め、高経は遂に尊氏に降伏し、尊氏の傘下に入った。桃井直常の桃井家と斯波高経の斯波家はここで断交してしまったのである。正平十三年（一三五八）には高経が、それまで越中の守護職であった桃井家に代わり、守護職となり、この時に直常は江中を去り、信濃にのがれたのであった。

永享元年（一四二九）、本応寺が小袖屋宗句によって再建された。京都に住む商人で、ある時尼崎の地で貿易を営む「名主」の米屋二郎五郎宅を訪れた折、塩業を営む翁から、日隆聖人の話を聞いた。早速聖人を本興寺の方丈に訪ねた。聖人の言葉の一言一言が宗句にとって感動であった。聖人は応永二十五年、妙本寺月明によって破却された本応寺をなんとかして再建したいとその希望を述べられた。宗句は京都に帰り、内野にあった日道聖

京都「大本山本能寺」

人の草庵跡に一宇を建立、本応寺を再興したのであった。

その四年後、永享五年（一四三三）篤信者であった如意王丸が施主となり、六角以南、四条坊門以北、櫛笥以東、大宮以西に広さ四丁の敷地を寄進し、内野の本応寺を移し、伽藍を新築して本能寺と寺号をあらためたのである。これには、「本門法華経能弘の精舎」という聖人の熱い想いがこめられ、翌六年の元旦に願文をしたためられた。

発菩提心　道心堅固　慈悲広大
不受重病　転重軽受　臨終正念
浄土参拝　所願成就　皆令満足
如説修行　弘通広宣　真俗円満

加納の法華寺に、日隆聖人が掘られた「筧の水」と呼ばれる御霊水

これをみても聖人の新たな布教への意欲が感じられるのである。そして、永享七年（一四三五）には東国の沼津光長寺塔頭東之坊住職であった本果院日朝聖人が、はるばる日隆聖人を新装なった本能寺に訪ね、本門八品上行要付の観心について法水一味の約を結び、漸く東西を軸にした布教体制が確立されたときであった。これを「東朝西隆」と呼んでいる。

永享十一年（一四三九）、日隆聖人は母君斯波一族が、明徳年中に河内国金剛山の麓で千波劔において戦死しているが、その一族の者がその付近に住んでいることを聞き、その年の二月、思い立って河内、石川郡加納村を訪れた。一軒のあばら屋があり、そこで暫く休んでいると、旅僧の姿を見た住人が、聖人の言葉に驚いた。この住人こそ聖人の母君の父、斯波義将の兄弟、義盛であることを申し出られたのである。

義盛は聖人の威徳にうたれ、法華経の信仰に入り、村人はこぞって信者となり、村の導師堂を改めて法華寺と称した。村人が改宗した理由が法華寺に残されている。それは、この地が高台にあり、この年は日照り続きで田畑の水は勿論、飲料水にも事欠く状態であった。村人達は法華経の教えが正法ならばその霊験を現してほしいと聖人に乞われた。聖人は西北の山中に入り、一心に祈願をつづけ、携えた柳の杖で山腹を突くと、突然わき水があふれでた。竹筒の筧で下まで降ろし、村人は歓喜に涌いたのであった。聖人は義盛夫妻に、「宗妙」「妙心」の逆修法号を授け、御霊水感得の杖で本尊一幅を残されて、「柳の曼荼羅」として伝えられている。現在も水源堂から湧き出る御霊水は豊富で、「筧の水」と呼ばれている。六十軒余りの集落はすべて法華寺の檀徒として今も熱心に信仰を続けている。

清水は　法灯忘れず　今に生き　（八識庵）

十六　堺・顕本寺と日浄上人

堺という地名は、摂津、河内、和泉の三国の境界にあたるところからその地名が生まれたと言われる。

平安末期から鎌倉時代にかけては、熊野詣での主要な宿場にすぎなかったが、南北朝の時代になり次第に商業都市としての歩みをはじめていった。

東寺、住吉社、細川、山名、大内といった寺社や大名がこの地を支配したが、大内義弘が応永八年（一三九九）幕府にそむいてこの堺で敗死したときは、一万戸の人家が兵火のために焼かれたと言うから、室町時代の初期にはかなり規模の集落が形成されていたと考えられる。

この大内氏のあとをうけて堺を支配したのが細川氏である。堺の南荘は、一時相国寺崇寿院の所領となったこともあるが、荘民は年貢を支払う代りに領主の支配を排除する「地《ち》下《か》請《うけ》」の権利を得るなど、そこに住む人達の団結を一層強くしていったのである。

やがて堺は貿易都市として、自由都市として大きくなっていくのであるが、その移りかわりのなかで、遣明船による貿易が大きな原動力になったのであった。

遣明船は、応永八年から天文十六年の約百五十年の間に十九回派遣されているが、応永八年から宝徳三年の日隆聖人御在世中だけをみても、十一回を数えている。

応永八年（一四〇一）幕府船。応永十年（一四〇三）幕府船。応永十一年（一四〇四）幕府船。応永十二年（一四〇五）幕府船。応永十三年（一四〇六）幕府船。応永十五年（一四〇八）幕府船、不明、幕府船、不明、幕府船。永享四年（一四三二）幕府船、相国寺船、山名船、大名寺社十三家船、三十三間堂船。永享六年（一四三四）幕府船、相国寺船、大乗院船、山名船、三十三間堂船。宝徳三年（一四五一）天竜寺船、伊勢法楽舎船、九州探題船、大友船、大内船、大和多武峯船。

以上のように、第一回から第八回までは足利義満の時代のもので、この時期は幕府に経営の実権があったが、第九回以後は、有力な守護大名や寺社が派遣の経営に参加するようになり、やがて堺の商人達も経営に加わり、堺の町全体が、この遣明船と深くかかわってくるのである。

永享十一年（一四三九）加納の法華寺を建立された日隆聖人は、当時着々と発展生長を続ける新興都市堺への布教を開始されたのである。
北河内の加納（富田林）から西へ、大伴の里をぬけ、狭山、高松、金岡の道が、堺への最短距離である。

『両山歴譜写書継稿』には、

「同年（宝徳三年）泉州堺顕本寺建立ナリ。元来十三年以前永享十一己未年師河内加納村ヨリ堺へ趣キ教化ヲ初メ其後怠ラズ弘通シ玉フ。之ニ依テ宗門信仰者数多ク出来シ就中錺屋木屋ノ両家大信者ト成リ、各々自宅ヲ転ジテ寺ヲ立ツ故ニ日浄上人ヲ以テ開祖ト為サシム云云」

堺の「顕本寺」

とあり、次の行には少し小さな文字にて、

「一説曰ク日浄師者師ノ肉縁之仁ナリト」

と記されている。

加納の法華寺を建立されて、宝徳三年の顕本寺建立まで十三年の歳月が過ぎている。その間、堺への布教を続けられた日隆聖人は、活気あふれる堺の町に本門八品のお題目を下種されたのである。

次第にお題目を唱える信者が生まれた。そして錺屋《かざりや》、木屋という熱心な商人達が信仰者として外護されたのである。この錺屋、木屋の両家についての調査はまだ出来なかったが、後日の課題として残しておく。文字の意味から推測すれば錺屋は金銀細工などを扱う商人、木屋は材木を扱う商人だと考えられる。

顕本寺を開いた日浄上人については殆んど知られていない。寂年は文明十三年（一四八一）八月六日、行年六十二才となっている。日隆聖人の御直弟とあるのみで、出生地と俗性、その他についても不明である。

逆算していくと、応永二十六年（一四一九）の生まれとなり、顕本寺建立の宝徳三年（一四五一）の時は三十三才となる。日隆聖人は六十七才であった。

ここで一つの問題が浮かびあがるのである。それは、先に挙げた『両山歴譜写書継稿』の「日浄師者師ノ肉縁之仁ナリ」のことである。

永享十一年から宝徳三年迄にみえる日隆聖人の西国弘通は目をみはるものがある。兵庫から中国そして四国への弘通だけでも大変な仕事である。そして文安二年（一四四五）には大著述である『本門弘経抄』の草稿を作り始められ、翌三年から著述に入られている。

宝徳二年（一四五〇）には日信上人（両山一世）を本能寺に、そして顕本寺建立の翌享徳元年（一四五二）には日登上人（両山三世）を本興寺に、それぞれ法燈を継承させている。

堺への布教について日隆聖人は、御直弟の日浄上人をその責任者に任ぜられていたのではあるまいか。

石浜日勇師の『日隆大聖人徳行記』に日浄上人の俗性について興味深い推測が述べられている。

加納で日隆聖人と会見した斯波《しば》義盛には三人の子供があり、末の子供が、日隆聖人の訪問をうけた頃眼病をわずらい、法華経の力で平癒したことから、日隆聖人を尊敬し、仏門に入る意志を強くした。この年末子の男性は二十一才であった。早速父の義盛は、この末子を得度させて御弟子に加えてもらった。

こうして考えるとき、日隆上人の命をうけて加納から堺へ歩を運び日々の布教にたずさわったのではなかろうか。

享徳三年（一四五四）堺の仏師である浄伝が、日隆聖人御歳七十才の御木像（現在の本興寺開山堂に安置されている御尊像〈重要文化財〉）を彫まれているが、堺での日隆聖人の名声はかなり浸透していたと考えられるのである。

そして加納の法華寺には斯波義盛夫妻の墓碑があり、斯波義盛は法名を宗妙、寂年は宝徳三年戊甲十月十六日、妻の法名は妙心、寂年は文明三年辛卯四月十日となっている。

そこで考えられることは、義盛の寂年と顕本寺の建立が同じ年であることである。

篤信者である錺屋と木屋の両氏は、日浄上人の堺での布教活動の姿にうたれ、父義盛の亡くなられたこの年に、日浄上人のために顕本寺建立を日隆聖人に願い出られたのではあるまいか。宝徳三年（一四五一）は日浄上人御歳三十三才の時である。

顕本寺は、堺の発展とともに法華宗の拠点として重要な地位を築くとともに、種子島三島開基の日典上人の律宗よりの帰伏の舞台となり、また、歌沢の祖・隆達上人を生み、浪華八品講の創始者事妙院日然上人を輩出するなど、南大阪における、いや西国におけるかなめとなっていったのである。

新興都市の堺に布教を展開した日隆聖人の布教の姿勢は、現在の私達に大きな指針を与えていると言えよう。

日浄上人は日隆聖人御入滅の折には、御位牌を捧げて御葬儀の列に立たれたと言われる。

蘇鉄しげり　先師の生命　今に生き　（八織庵）

第三章　たくす信火

十七　淡路の妙勝寺・妙京寺のこと

「阿波にゆく路の国」、それが淡路島である。

法華信仰がこの淡路島に伝えられたのは宗門第四祖と仰ぐ大覚大僧正妙実聖人の教化によってからである。

それまで、淡路島はほとんど真言宗でしめられていた。大覚妙実聖人が中国地方に弘通を展開したのは、元弘の末ごろ（一三三三）から康永（一三四二）にかけての十年前後とみられるが、釜口妙勝寺の縁起からみると建武三年（一三三六）迄に淡路島教化が行われていたことがわかる。

妙勝寺に残る古文書「御太刀山由来書」によれば、当時真言宗であったこの寺に大覚妙実聖人が訪れ、住職と法論に及び、帰伏せしめて法華宗に改宗したことが記されている。

備前・備中に教化の実をあげた大覚妙実聖人の足跡は、備前の長船景光や、備中の伊達朝義、朝光父子が日像聖人に帰依したことから、この地方への布教がはじめられ、建武元

淡路東浦「妙勝寺」

年（一三三四）には多田入道頼貞とその子頼仲を教化して松寿寺の創立をみるに至り、さらに備前島津で真言宗僧良遊と問答してこれを破折、このことを聞いた矢崎の富山城主松田之喬は、真言の碩学を集めて城中で大覚妙実聖人と問答を行わせたが、ことごとく破折論破され改宗、之喬の父元国、そして子元泰も大覚妙実聖人に帰依し、更に多くの寺を建て地域の人々に法華信仰をすすめたのである。これが備前法華を形成する基となったのである。

御太刀山妙勝寺の登場には、足利尊氏を紹介しなければならない。

南北朝の戦乱は、まさに新田義貞と足利尊氏との天下取りの争いであった。尊氏の謀反に対し朝廷は、これを討つために東海、奥州、東山の三方から尊氏を攻めた。新田義貞の軍は尊氏を敗走させ、箱根や竹の下の激戦は西へ尊氏や直義を追った。

建武三年（一三三六）正月の京都は、まことにあわただしく、尊氏は正月十日京都に突入、後醍醐天皇は比叡山にのがれ、坂本を行在所《あんざいしょ》に定め難をさけたが、奥州軍の北畠親房等が京都へ到着し正月二十七日を期して京都奪還の総攻撃に移った。まさに南北朝時代らしい戦いではあった。

加茂河原、神楽岡《かぐらおか》、二条河原と転戦、三十日、ついに足利軍は丹波篠村へ退却し、遠く九州へのがれたのであった。

九州へ落ちのびる足利尊氏は淡路島の東浦の釜口沖で風待ちをする間、妙勝寺に参拝し、この「妙に勝つ」という寺名に感激し、大いに士気を鼓舞して九州へ落ちのびたのであった。尊氏の妙勝寺参拝は、後の尊氏の運命をかえる大きな自信をここに持つことを得たのである。

尊氏が筑前（福岡県）葦屋に着いたのは二月二十九日であった。少弐《に》、大友の豪族が尊氏のもとにはせ参じ、三月三日には太宰府に根拠をかまえ着々と東上の準備を整えた。そして四月三日兵を率いて太宰府を出発、水路を尊氏、淡路を直義と並んで進み、直義は福

淡路郡家「妙京寺」

山城を攻め、尊氏は室津（播州）で順風を待ち五月二十四日、兵庫で待機している新田義貞と対決することになるのである。

朝廷はこの行動に驚き、早速楠木正成を援軍に下向させ湊川の合戦となった。激戦のすえこれを破り一挙に京都へ。こうして京都を手中に収めた尊氏は、高野山や根来《ねごろ》寺を招いたり、元弘の頃より没収されていた領地を寺社へ返すといった利策をとって自己の勢力を広げていったのである。

この年の十月九日、戦いは決着した。そして十一月七日に「建武式目」が制定され、光明天皇をたてた足利幕府が開かれることになるのである。

妙勝寺に対して尊氏は、延文二年（一三五

七）、天下泰平を祈祷する御教書を下している。尊氏が初めて妙勝寺に参拝してから二十三年後のことであった。

また、淡路島には大覚妙実聖人の教化によった寺として一宮の妙京寺が挙げられる。

この妙京寺は古く、法相宗妙暁寺と号し、天平神護元年、四十七代淳仁天皇の創立によるもので、当時は一宮河合にあった。

建立以来、妙京寺は地頭、城主、藩主の祈願所で「特立本山」としての格式を有し、所蔵の文書には、大町坊、小谷坊、奥の坊、堀の坊、社家の六坊、東坊、向坊、隠居坊、浜の坊、川上坊、岡の坊等があり、近世末には浄光庵、寂光庵、薬師庵といった末寺を有していたのである。

この妙京寺は、尊氏が妙勝寺に御教書を下した翌年、延文三年（一三五八）に大覚妙実聖人によって法華宗に改められ、住職は日通と改めて妙京寺の第一祖となっている。

さて、日隆聖人の西国布教は、こうした大覚妙実聖人の巡化から約百年を経過した永享十年（一四三八）御歳五十四才から嘉吉二年（一四四二）御歳五十八才の五年間に集約され、この間極めて精力的に布教が展開されている。

嘉吉二年（一四四二）妙勝寺は日隆聖人の巡化を待って本能、本興両山末寺となった。

「両山歴譜写書継稿」には、「嘉吉二壬戌年師五十八才淡州釜口妙勝寺者大覚大僧正開基之寺也時哉寺檀一統師ノ徳ヲ慕ヒ帰伏シテ末寺ト為ル師本尊ヲ書シテ授ク猶今ニ在リ」と記されている。「寺檀一統師ノ徳ヲ慕ヒ」の文をみても、日隆聖人の教化の様子がしのばれるのである。

また妙京寺は、享徳三年（一四五四）第四世日曜の時に本能、本興両山末寺になっている。

種子島、日典上人のあとに続いて布教を展開し、全島を法華宗に改めた日良上人（法印）は、日曜の法嗣であり、この享徳三年に日隆聖人は尼崎本興寺に勧学院を創立しているところからみて、すぐさま日良上人を勧学院に学ばせたと考えられる。

妙京寺はその後、永正十八年（一五二一）地頭田村正春が現在の地に移転、また正春の子盛春は弘治元年（一五五五）第八世日秀と謀り一宮を法華勧請としている。第九世日宗は寺号を妙暁寺より妙京寺と改めた。

こうして、西国に法華の道場が生まれ、しかもそのすべてが、当時交通の要所に創立されたところに、日隆聖人の弘通に対するすばらしい着想がうかがえるのである。

道ひとつ　妙実上人　隆聖と　法脈つたえて　流れ清めり　（八識庵）

十八　日学上人と備中本隆寺

備前《びぜん》・備中《びっちゅう》への法華弘通は、大覚大僧正妙実上人（京都・妙顕寺二世）が暦応元年（一三三八）より康永三年（一三四四）迄の六年間にわたって行っており、この間数多くの寺院が建立され改宗された。

岡山・浜野の松寿寺《しょうじゅじ》も大覚妙実上人の開基で、暦応四年（一三四一）の創立である。

当時、後醍醐天皇の近侍《きんじ》の武士であった多田頼貞は、南朝に味方をして兵をあげたが敗れ、建武二年の正月、二度にわたり山城八幡の戦に敗れ、その身を京都から備前浜野の入江に隠したのである。丁度その頃、大覚妙実上人の巡錫《じゅんしゃく》に会われたのであった。

やがて頼貞は、阿比、平井、春日、森、林、黒崎、竹田等の味方を得て再度義兵を挙げる準備をすすめていたが、このことが備前の守護、播磨《はりま》白旗の城主赤松氏に知れてしまい、暦応四年八月十二日、赤松勢の攻撃をうけて戦い、これに敗れ、頼貞は自刃、頼貞の嫡子頼仲が、この戦跡の地に精舎を建てその菩提を弔った、これが松寿寺のはじまりである。

大覚妙実上人は、西国巡錫を行うなかで、多くの豪族を教化している。例えば、牛窓《うしまど》本蓮寺は石原但馬守《たじまのかみ》道高、備前伊福の松田十郎、その重臣である難波行重、東備前では光明寺城今木範秀とその一族、大富太郎幸範、片上の浦上宗隆、備中では石ケ鼻の城主石川左衛門佐、竹の庄舞地城主伊達正朝と会して美作《みまさか》、真島地方の教化、さらに富山城主松田元喬の外護、その外、宇喜多の一族、小早川、花房、戸川氏などが帰依している。

日隆聖人が備中を訪れたのは享徳元年（一四五二）の夏であった。

「其レ従リ西国ニ趣キ、初ニ備中国新庄村ニ至リ、七月ノ頃ナレバ、接待供養スル者有リ。師此ノ供養ノ仮家ニ入リ、川上道蓮ト江本蓮光ト云フ両人ノ入道ト清談、時移リ終ニ伴テ居家ニ還リ、当宗ノ法義ヲ聞テ信伏随順シ、両人力ヲ合ワセ仮ニ草堂ヲ営ミ、村中ノ老若ヲ集メ聞法結縁セシメ一村挙テ授誡ス。終ニ精舎ヲ建立シテ本隆寺ト号ス。坊舎四軒並ビニ成ル云云」（両山歴譜写書継稿）と記されている。

本隆寺創立の外護者となった川上道蓮、江本蓮光の両氏については詳しい資料はないが、この両人は先に紹介した大覚妙実上人の教化によって入道となった人達であることは、名前に「蓮」の字があることかみて想像できる。

松寿寺は応仁二年（一四六八）、日隆聖人の直弟日与上人（能興両山六世）の巡錫によって両本山の末寺になっているから、その当時本隆寺と松寿寺との交流はなかったわけである。

日隆聖人は、本隆寺を創立した後、「師自ラ送書ヲ留メテ去レリ学師来住セリ矣」（両山歴譜写書継稿）とあり、宇多津へ歩をすすめられたのであった。

本隆寺の第二世を継がれたのが日学上人である。

永享十二年（一四四〇）、三井園城寺の学頭であった常住院という学僧が、本能寺の日隆聖人を訪ね、天台教学について自身の疑問について問われた。当時の天台宗は、開祖伝教大師の弘められた天台法華の教えが堕落し、慈覚・智証等による密教化以来、旦那《だんな》・慧心《えしん》等の念仏化、安然・証真等の禅化、いわゆる止観勝法華《しかんしょうほつけ》という、修行を否定した天台本覚思想に陥り、本来の天台法華の思想が失われかけた時期であった。

常住院は、日隆聖人の法華経解釈、特に滅後流通正意《めつごるづうしょうい》とする本門八品の教えに感服し、早速日隆聖人の弟子となった。後に法華宗の教義をくわしく学び、日学の名前を授けられた。

寺宝を収めた長持

この日学上人は、元来天台学を修した学僧であったことから、日隆聖人の弟子となってからも、東国に出向き宗祖の御遺文の書写を行っている。宗祖にゆかりのある寺院に散在する御遺文を書写するためには大変なご苦労があったわけで、書写にあたっては、まずこの寺院に起《き》請文《しょうもん》を入れ、寺院の規則を守ることを誓約しなければならず、書写の希望を願い出ても容易にそれを許してくれないことも多かったわけである。

尼崎本興寺の御聖教殿には、日学上人の書写された御遺文が現存している。日隆聖人が数多くの著述をのこされたその陰には、日学上人の努力があったことも忘れてはならないことである。

日隆聖人御入滅三七日忌の法則も日学上人が書かれており、その文章には、例えば、寒い冬の夜、勧学院の寮で勉学している学生達のために酒を温めて与えられた聖人の姿など、日隆聖人の人間的な側面がみごとに描写されている。また、日学上人の功績として忘れることのできないのは「両門和合決」である。

日学上人は、京都妙蓮寺の学頭日忠上人の舎兄で、両上人とも天台宗よりの帰伏僧である。

京都・妙蓮寺は宗祖の直弟日像聖人が、宗祖の滅後、帝都開教を志し、鎌倉での修行を終えて、宗祖の霊跡佐渡を巡拝し、能登の石動山天平寺を法華に改宗させ、能登より北陸路を経て京都に入られたのである。

京都での最初の外護者の一人小野妙実（柳屋）のもとに止宿し、帝都弘通の第一歩をふみ出されたのである。

その後、日慶上人が、当時京都妙顕寺を改革するために一時内野に草庵を結んで布教していた、日隆聖人の学問上の師匠である日存・日道両上人の協力を得て、柳屋の再興に努力をつづけていた。

永享元年（一四二九）柳屋は再興成り、妙蓮寺が創立された。山号の卯木山《うぼくざん》は、柳とい

岡山本隆寺、常住院日学聖人の墓

う字を二つにして卯木と書かれたことによっても、山号の意味が柳屋によるものであることが知られるのである。

日隆聖人は、早速日慶上人に対して「妙蓮寺内証相承血脈次第条目之事」を書して、妙蓮寺再興のために力を尽した日存・日道両上人を妙蓮寺に加歴してほしい旨申し入れたのである。しかし日慶上人はこれを承知せず、それ以来両本山は義絶状態になっていたのである。

日隆聖人御入滅後三年目の文正元年（一四六六）妙蓮寺日忠上人と日学上人は、今迄三十五年間にわたり義絶のままでいる両本山の現状を憂い、本門八品正意の定義を同じくする両本山の和解を計るため問答し、「両門和合決」を成立せしめ、ここに妙蓮寺・本能寺の和合が成立したのであった。

このことは、歴史上特筆すべき快挙である。理論家日学上人の華々しい活躍である。そして今、日学上人は静かに本隆寺の墓地に眠っておられる。

学師の碑　静かに時を　刻みけり　（八識庵）

十九　西国の拠点となった備前牛窓・本蓮寺

牛窓の　浪《なみ》の潮騒《しおさい》　島響《とよ》み
　よさえし君に　逢はずかもあらむ　（柿本人麻呂）
牛窓は　とかく水鶏《くいな》の　名所かな　（松尾芭蕉）

風光明媚な牛窓は、古くから多くの歌句がのこされている。岡山県邑久郡の南端の海岸は、室町の頃すでに「牛窓千軒」とうたわれ、潮待港として、内海航路の要衝であった。

本蓮寺はその美しい港を見おろす高台にある。

その昔、神功皇后をのせた船が、西国から大和へ帰る途中、この地に寄られた。すると、そこへ八つの頭をもった怪物、塵輪鬼《じんりんき》が牛鬼となって海中から現われ口から炎をふいて船に襲いかかってきた。この牛鬼を対治するため、蓬《よもぎ》の矢を放つとたちまち怪物の体は

岡山牛窓本蓮寺本堂（国宝）

ばらばらになって飛び散り、港の前に美しく散在している島、黄島は頭、前島は胴体、青島は尾になったと言われ、この地名を「牛転《うしころび》」と呼び、後に「牛窓」になったと案内書は紹介している。

本蓮寺は大覚大僧正妙実聖人の開かれたのが法華堂としてのはじまりである。

妙実聖人は永仁五年（一二九七）の生まれ、幼名を月光丸、羅睺羅《らごら》丸《まる》と言い、正和二年（一三一三）、当時京都において弘通されていた日像聖人の説法にうたれて弟子となった。そして、その教化は近畿・山陽を中心に展開され、特に備前・備中方面に足跡も多く残っている。

法華宗の関係としては、伊丹市の妙宣寺、神戸市の久遠寺、淡路島の妙勝寺、妙京寺、そして岡山市の松寿寺とこの本蓮寺があげられる。

本蓮寺法華堂は、大覚大僧正妙実聖人が暦応元年（一三三八）小豆島から牛窓を巡錫《じゅんしゃく》された折、在地の豪族石原佐渡守を教化して建立されたと言われているが、一説では正平二年（一三四七）京都よりこの地を訪れ法華堂を創した説もある。

備前地方教化の基盤は、元徳二年（一三三〇）に備前の国の長船景光が日像聖人に帰依したことから始まったと考えられるし、元弘三年（一三三三）後醍醐天皇が京都に還幸されたとき、この祈願を行った御願満足の賞として備中国穂田荘が与えられたことも大きな理由である。

この年号から推測すれば、一三三〇年から一三四七年の間とみてよいと思われる。

本蓮寺には、建武三年（一三三六）・貞和二年（一三四六）・元徳二年（一三三〇）の御本尊があるところから、何度もこの地を訪ねられていることが知られ、鹿忍《かしの》の古族、小笠原の一族も教化し、和田の南、太泊の乙子《おとこ》、建武中興南朝の忠臣大富太郎幸範や、児島高徳の父、和田備後守範長とも交往があり、かなり広範囲の動きのなかで、法華経弘通が行われていたことがわかるのである。

日隆聖人と本蓮寺との結びつきは、当時比叡山の学僧であった日澄が帰伏したことから始まるのである。日澄の名は日隆聖人が授けた名前で、石原但馬守道高の子供愛千代丸であった。

日澄は「日夜膝下ニ侍シテ末法応時ノ宗義ヲ学ビ」（両山歴譜写書継稿）と記してあるように、日隆聖人に本門八品の教えを学び、故郷の牛窓に赴き、法華堂を訪ねられたのである。勿論日隆聖人は若い頃妙本寺に在られたから、牛窓法華堂の事はよく知っておられたわけである。

日澄が法華堂を訪れたとき、法華堂は大覚大僧正妙実聖人の弟子日暁が第二世として法燈を継承していた。

「而ルニ今第二祖日暁在住也、澄師ト法談義ヲ尽シ、日暁ノ云ク、願クハ汝ニ住職ヲ譲ラン仁可シヤ否ヤ、澄師謹ンデ之ヲ諾ス、此ノ時改テ両寺（本能寺・本興寺）ノ末寺トナル」（両山歴譜写書継稿）

と記されている。

日澄が日隆聖人に帰伏した年は不明である。そして、日澄が法華堂の住職として補任されたのは長禄二年（一四五八）であり、この時法華堂を改め本蓮寺の寺所を与えられている。日隆聖人御歳七十四才であった。

明応元年（一四九二）、日澄は本願檀那の石原修理亮伊俊の勧進を得て、本堂を建立、番神堂もこの頃の建立になるものである。

この石原修理亮伊俊は日澄の兄とも言われ、兄弟は、あたかも水魚の思いで協力し合ったのであった。

こうしてみると日隆聖人は、長禄二年（一四五八）に牛窓へ出向かれたと考えられるが、下向を記した資料はない。ただ本蓮寺に現存する日像聖人の曼荼羅本尊の添書きに、

「石原但馬守沙弥妙道相伝之本尊余拝覧致ス、宗祖第三祖之正筆疑無シ、而已門流第九日隆　在御判」

とあり、直接日隆聖人がこの御本尊を拝された事が記されている。

ここで、日隆聖人がすでに嘉吉二年（一四四二）に西国へ弘通されていることも合わせて考えてみる必要がある。丁度、兵庫の三川口から岡山へ渡り、江本蓮光を教化し岡山高松に本隆寺を創しているのである。そうすれば、日隆聖人はこの時牛窓法華堂を訪ねていたのではあるまいか。

神戸から陸路で高速道路で走ると牛窓まで約三時間、当時は恐らく海路が交通機関としては最も早いはずである。船を利用すればかなり短時間で往復出来るはずである。

嘉吉二年から長禄二年の間は十六年、日隆聖人は何度かこの地を訪ねたのではあるまいか。

境内には、日蓮大聖人の御真骨と日隆聖人の御真骨を祀る両祖の御真骨堂がある。当時の本蓮寺の住職貫名正諦師はこの御真骨を一度拝したことがあると話されている。一センチ角程の御真骨だそうで、大覚大僧正妙実聖人が御所持されていたのをこの法華堂（本蓮寺）に留められたことは、大僧正らとっても、この地を最も重要な弘通の処点として考えられたに相違なく、日隆聖人の御真骨は恐らく弟子日澄が所持されていたに相違ない。

瀬戸内航路の灯台の役目をした「三重塔」

その後本蓮寺は戦国時代に一時教勢の衰えをみたが慶長十年（一六〇五）寺領三十石に、延宝二年（一六七四）寺領三十三石余に復し、朝鮮通信使の往来が始まると寛永十三年（一六三六）以後通信使の一行は牛窓に立ち寄り、本蓮寺は通信使の接待や宿泊の場所となったのである。

島かげから本蓮寺の三重塔が眺められる。航海の船は三重塔を目標にかじをとったと伝え聞く。

海のどか　甍そびえて　今もなお
正法の燈《あかり》　ともしつづけて　（八識庵）

二十　秋山氏一族と宇多津・本妙寺

西国瀬戸内海は、四国と向い合って瀬戸内文化圏を形成している。日隆聖人の岡山・牛窓《うしまど》への弘通は、その後の法華宗伸張の貴重な拠点となった。人の往来は文化の交流を生み、学問や思想もまたそのなかで育てられる。

岡山は備中《びっちゅう》の高松に本隆寺が建てられたのは嘉吉《かきつ》二年（一四四二）で、日隆聖人五十八歳の時であった。その外護者《げごしゃ》は川上道蓮と江本蓮光であるが、海に面した牛窓の地と吉備《きび》路《じ》に沿った高松の結びつきは、やはり日隆聖人の弘通を伝え聞いたところから出発していると考えられる。

地図を開いてよく見ると、海をはさんで備中高松から垂直に下ったところに宇多津《うたづ》がある。同じ年に日隆聖人はこの宇多津の地に布教されているのである。

その行程は、高松より倉敷を経て下津井《しもつい》へ出て、瀬戸内の本島《ほんじま》と与島《よしま》をぬけると一直線に宇多津の港へ着く。これが最短距離である。

香川宇多津「本妙寺」

「次ニ讃州《さんしゅう》ニ赴《ゆ》キ、宇多津ニ於テ大イニ宗風ヲ振《ふる》ヒ、周《あまね》ク毒鼓《どっく》ヲ撃《う》チ、一寺ヲ創《そう》シテ本妙寺ト号ス」（両山歴譜写書継稿）

と記されてある。本妙寺の寺記によれば、

「宇多津秋山氏建立の番神堂《ばんじんどう》に弘《ぐ》通《づう》し弘《ぐ》経《きょう》院《いん》（後の本妙寺）創立」（法華宗年表）

とある。

本妙寺住職の故村北日鑒《にちかん》上人からお聞きした伝記によると、日隆聖人が宇多津へ向って船をすすめているとき、暴風雨となり船は危うく突端の岬に漂着。聖人はその岬から歩かれて宇多津へ入られた。聖人の着かれた岬はその後「隆ケ岬」の名で呼ばれている。宇多津へ着かれた聖人は、どの家をみても戸を閉めて、人影が全く無いのに驚き、やっと見つけた漁師の一人にその理由を聞くと、村中に疫病《えきびょう》が流行しているために戸外に出る者はないとのこと。日隆聖人は早速、病即消滅《びょうそくしょうめつ》の御祈念をし、村人達の病気が治り、村人はこぞって法華宗の信者になった。聖人はこの地の番神堂を弘経院として境内に井戸を掘り、清水に悩む村人達を救ったのであった。この井戸は「鳳凰水《ほうおうすい》」と呼ばれ豊富な水が断えず湧き出ている、とのことである。

嘉吉二年から十年後の享徳《きょうとく》元年（一四五二）、日隆聖人は本妙寺に対し寺号補任《じごうぶにん》を授けられている。

本妙寺の境内に、日隆聖人が掘られた御霊水の「鳳凰水」

ところがこの地には、すでに早くから法華経弘通が展開されていたのである。

それは富士門流の寂日房日華《じゃくにちぼうにちけ》（一二五二〜一三三四）である。六老《ろくろう》僧日興聖人《そうにっこうしょうにん》の弟子として重要な本《ほん》六《ろく》と称された日華は、正中《しょうちゅう》元年（一三二四）南条時光《なんじょうときみつ》という日蓮大聖人の篤信者で、後に日興聖人の外護者となって富士大石寺を建立したが、日華はこの時光の邸を寺にし妙蓮寺を創した。その後間もなく、甲斐《かい》より四国に移封された御家人《ごけにん》秋山泰忠は、日華を四国に呼び、正和年間の頃、秋山氏の所領である土佐幡多の地に法華堂を建て、この時初めて四国の地に法華の弘通がはじまったのである。

日華はさらに讃岐《さぬき》に移り法華堂を建立、日華はやがて富士に帰ったが、その弟子日仙は高瀬の田村法華堂で弘通した。これが現在の高瀬大坊《だいぼう》である。この寺は初め本門寺と称していたが後に法華寺と改称された。

秋山泰忠をはじめ秋山一族を中心に法華信仰が弘まり、讃岐の各所に番神堂を建立し、庶民信仰として民衆のなかに定着していったのであった。

日隆聖人が宇多津で留まった番神堂（弘経院）も、この日華によって建てられた精舎《しょうじゃ》であった。

この秋山一族は甲斐源氏《かいげんじ》の流れをくむもので、その家系をみると、新羅《しんら》三郎義光より数えて八代目が泰光である。（国史大系・尊卑分脈）

そしてこの系統には身延《みのぶ》の領主南部《なんぶ》一族もあり、日蓮大聖人時代における法華信仰団としての群を作っていたことも考えられ、波木井実長《はぎりさねなが》の父は、東北青森の南部の領地へ移り東北の地に法華経が弘まっていく起因にもなったのである。

日蓮大聖人が御入滅になった後、御弟子がそれぞれ布教の地を求めて分張していくなかで、日蓮大聖人の篤信の外護者の領地を目標に弘通が行われたことは充分に考えられる。千葉・大本山鷲山寺《じゅせんじ》を開かれた日弁聖人が奥州への弘通の旅へたたれたのは御歳七十二歳の時であるが、その目標となったのは千葉一族のもとで布教の実を挙げたのであった。

宇多津は牛窓と同様に良港として知られており、日隆聖人は、布教の場所を、常に人口の集中する交通の要所に求められたことは大きな特徴であり、時の権勢にへつらうことを嫌われた聖人の純粋法華の魂をそこに見ることができるのである。

京都・大本山本能寺には、日蓮大聖人が寂日房日華に授与された御本尊が格護されている。この御本尊がどのような経路をたどって本能寺へ来たかについては不明であるが、日隆聖人と本妙寺、本妙寺と高瀬大坊を重ねて考えてみると、富士派の僧による日隆聖人への帰伏によってもたらされたのではないかという想像もうかんでくる。それは、本妙寺の住職についての記録がないことからも言える。本妙寺の住職についての記録は天正二年（一五七四）本成院《ほんじょういん》日孝の名前が初めてである（法華宗年表）。

日隆聖人は享徳元年（一四五二）に本妙寺に対して寺号補任を授けているが、こうした教団組織的な形を作られる聖人の考え方は極めて新しい方策として注目することができるし、その後も応仁元年（一四六七）には日隆聖人の直弟日與《じきていにちよ》、日明《にちみょう》の両上人が本妙寺と岡山本隆寺に対して法度《はっと》を定めていることを見てもきめこまやかな指導力が洞察されるのである。

こうして讃岐を中心に法華宗の布教が拡がっていくのであるが、秋山一族からも法華宗の僧が生まれ、泰忠より十一代目本住院日慈《ほんじゅういんにちじ》上人は、泰忠の建立した宝光坊を香川・高松に移して本典寺《ほんでんじ》を創し、宇多津本妙寺八世の妙勝院日憲上人は、丸亀の法華堂に住して本照寺を、さらに、引田《ひけた》の番神堂寿徳庵は広瀬信光によって円立院とした。現在も一族の子孫が、高松・本典寺と尼崎・養寿院の檀徒として現存している。

このように秋山一族は、日隆聖人の御入滅後法華宗とも深い縁を結んでいくわけであるが、日隆聖人の宇多津弘通は、聖人の将来に向けての大きな展望があったのではあるまいか。本妙寺山門には、今も日蓮大聖人と日隆聖人の銅像が私達を温かく見まもり、迎えてくれているのである。

蓮隆の両祖の教え　とこしえに
白壁映《は》えて　瀬戸を望めり　（八識庵）

二十一　尼崎と兵庫の津・三川口久遠寺への道

尼崎の地は、たしかに西国交通の要所であったと思われる。その当時は、現在の大阪湾もまだ整備されていなかったし、京都以西の交通路は、西から瀬戸内海を東上し、堺へ、そして尼崎へ、神崎川を北上、長洲をぬけて淀川へ入り、淀川を北上して京都へ至る。現在の神崎大橋附近は宿場として栄えていた。

その昔、浄土宗を開いた法然上人は、神崎の宿場に一座の法莚を行い、聴聞にきた五人の遊女は、極楽往生を説く法然の教えに感動し、この世の苦しい境遇から一日も早く弥陀の本願にすがり極楽世界へ行きたいと五人は神崎川へ身を投げた。今も橋詰には五人遊女の碑が立てられ、後、江戸期に入り寺町が形成された折に、当時神崎に在った如来院が寺町に移され、墓もこの寺にまつられている。また、現在も地名として残っている「長洲」という場所も、その昔は、川が幾つもの洲になって分かれていたらしく、民家の前を船が通るといった具合で、とても賑わったと思われる。

日隆聖人が西国弘通をはじめられたのは、永享十一年（一四三九）の頃からである。御歳五十五才であった。辰巳の港から眺めると地形が弓なりになっていて、南は堺から泉南に伸びており、西は六甲山系にそって西宮から芦屋、そして神戸まで海岸線がくっきりとみえる。その昔は、白砂青松《はくしゃせいしょう》の浜辺が続いていて、尼崎の浜は、琴の浦の名称で呼ばれ、香櫨園や夙川、芦屋や御影などは十数年前までは海水浴もできる美しい海岸であった。

堺や神戸まで陸路で行けば、かなりの時間を要するわけで、堺までは約五十キロはあると思われるし、神戸でも三十キロはある。

しかし、海路で行けば堺まで三十分、神戸までは十五分位で行けるのである。日隆聖人はおそらく海を使われたと考えられる。尼崎から堺まで、そして尼崎から神戸まで、日隆聖人の御霊跡はないことがその理由として挙げられるからである。

神戸の港は兵庫の三川口である。嘉吉二年（一四四二）日隆聖人は、淡路から中国、そして四国方面に布教を展開されるが、『両山歴譜写書継稿』には次のように書かれている。

「同年（享徳元年〈一四五二〉）西国ニ弘法セント欲シ先ヅ兵庫ノ津ニ至リ、正木屋何某ノ宅ニ宿ス。宅主会釈丁寧ナリ。翌日別レヲ告ゲテ曰ク、此ノ一物ハ道中ノ近用ニ非ズ、汝ニ預ケ置クベシ、其レヨリ西国ニ趣キ云云……享徳二癸酉年夏、尼崎ニ還ラント欲シ又兵庫ノ津ニ旅宿セリ、宅主大ニ喜ビ預カリシ一物ヲ出シテ座前ニ呈ス。師曰ク丈夫今ヨリハ正直屋ト云フベシ、此ノ時ヨリ正木屋ヲ改メテ正直屋ト云フ也、一類挙ゲテ宗義ヲ信ジ、終ニ一寺ヲ草創シ久遠寺ト号ス、坊舎多数アリ云云」

これによれば、久遠寺は正直屋の一族によって創立された寺院ということであるが、久遠寺の寺記によれば、大覚大僧正開基の寺とも、あるいは真言宗の寺院であったという説もある。

神戸三川口の「久遠寺」

ここで『両山歴譜写書継稿』の中、第六世日與上人の文を挙げると、

「隆師兵庫正直屋ノ因縁ヲ以テ久遠寺定林坊日祐始塔頭十二ケ支院ト共ニ帰伏、技露ノ為メ一七日間ノ御説法始終法云云」

とあり、ここでは日隆聖人によって久遠寺は法華宗に改宗したことになっている。

ここで考えられることは、久遠寺の在る兵庫三川口は、西国交通の処点でもあるところから、多くの僧侶が、立ち寄られたことが想像できる。大覚大僧正は暦応元年（一三三八）より康永三年（一三四四）の六年間にわたり西国に伝道を行っているが、この折も三川口より出発されたことは確かであろう。そうすれば、久遠寺へ寄られた可能性は充分にあるわけで、それが久遠寺開基説へと発展したことも考えられてくる。

日與上人のことが先の文に出たが、日與上人は、日隆聖人によって帰伏した久遠寺での説法を聞いて捨邪帰正した、時宗真光寺の院代であった。帰伏したとあるからには、大覚大僧正開基の妙顕寺の末寺とは考えられない。あきらかに法華系統の寺院ではない。しかし真言宗であったかどうかは判明しない。久遠寺は、大平洋戦争で灰燼に帰したため、寺歴は不明である。

『絵伝日隆聖人』によれば、正木屋は「兵庫の旅籠屋」と書かれているが、これも後世に脚色された説で、久遠寺の調べでは、正木屋は「名主」であったという。名主とは、村の長で、もともと名田の地主として、その地域の為政者的存在であった。後世になると庄屋や代官となったが、領主の支配は、この名主を通して行われていたのである。

正木屋は、名主の権威で、旅の名僧や武将達を自分の邸に招いて宿を提供し、もてなしをしていたのであろう。

また、日隆聖人は正木屋で草鞋をはきかえられ、古い草鞋を正木屋に置いて西国弘道へ出発されたが、帰りに正木屋を訪ねたとき、主人はこの古い草鞋を洗って日隆聖人に渡されたので、聖人は正木屋に「正直屋」の屋号を与えられたと、後世の御伝記に記されている。これは草鞋を預けられたのではなく、旅の裳束を整えるために一部の品を預けて出発されたのであり、その品を帰りに受取るために正木屋を訪ねられ、きちんと清潔に保管してくれた正木屋の行為の真面目な態度をみて、正直屋の名を与えられたと考えられる。

久遠寺は、兵庫の玄関口として栄え、法華宗の布教の上で重要な拠点として存在していた。日隆聖人の御遺骨は誕生寺の御真骨堂に祀られているが、この久遠寺にも、御真骨があり、日隆聖人の墓碑に御真骨が奉じられていることが、先年墓地改修の折に発見されている。その他岡山牛窓本蓮寺にも御真骨があると言われており、御真骨は誕生寺にすべて移されたのではないことが知られる。

二十二　勧学院の創立と三千余帖の著述

日隆聖人が初めて世に問うた著述は、永享元年（一四二九）に著された『法華天台両宗勝劣抄』（四帖抄）である。法華経について、天台宗と日蓮聖人との教説の相違を明らかにしたもので、法華経が釈尊の滅後のために説かれた教えであり、法華経の中でも「従地涌出品」第十五から「嘱累品」第二十二の本門八品が法華経の中心であり、釈尊が滅後の衆生のために、上行菩薩など地涌の菩薩達に付属し流通した「滅後をもって正意とする法華経」を世に主張したのである。この著述は広く関東にも伝えられ、富士大石寺第九世日有や、保田妙本寺第九世日要等は日隆聖人の説く本門八品正意論に賛同したといわれ、その後も保田妙本寺第十四世日我や、京都要法寺日辰等も影響を受けている。

日隆聖人の著述には多くの日蓮聖人の御遺文が引用されているが、聖人の教学の師であった精進院日存聖人は『開目抄』上下二巻を、好学院日道聖人は『開目抄』上巻をそれぞれ書写されている。この『開目抄』の原本は、明治八年に身延山久遠寺の火災によって

大本山本興寺の境内に建てられた勧学院（興隆学林専門学校）

焼失、現在では存道両聖人の写本が最古の物となっている。

日隆聖人は日蓮聖人の御遺文の収集作業を精力的に行い、特に光長寺との交流が出来て以来、多くの御遺文が書写され、弟子の智本は、山梨の立正寺で「富木入道殿御書」や「観心本尊抄副状」を書写、永享八年著述の「御書文段」には、一四八編の御遺文が載せられており、既に日隆聖人は日蓮聖人の教義の神髄を体得されていたことが分かる。然し、多くの御遺文を書写する作業は大変困難なことで、聖人が「十三問答抄」の中で、「高祖御一期在生ノ諸御抄在在所所寺寺院院ニ之有　之ヲ秘シ悉ク拝見ニ及バズ」と記されている。

享徳三年（一四五四）尼崎本興寺の境内に研

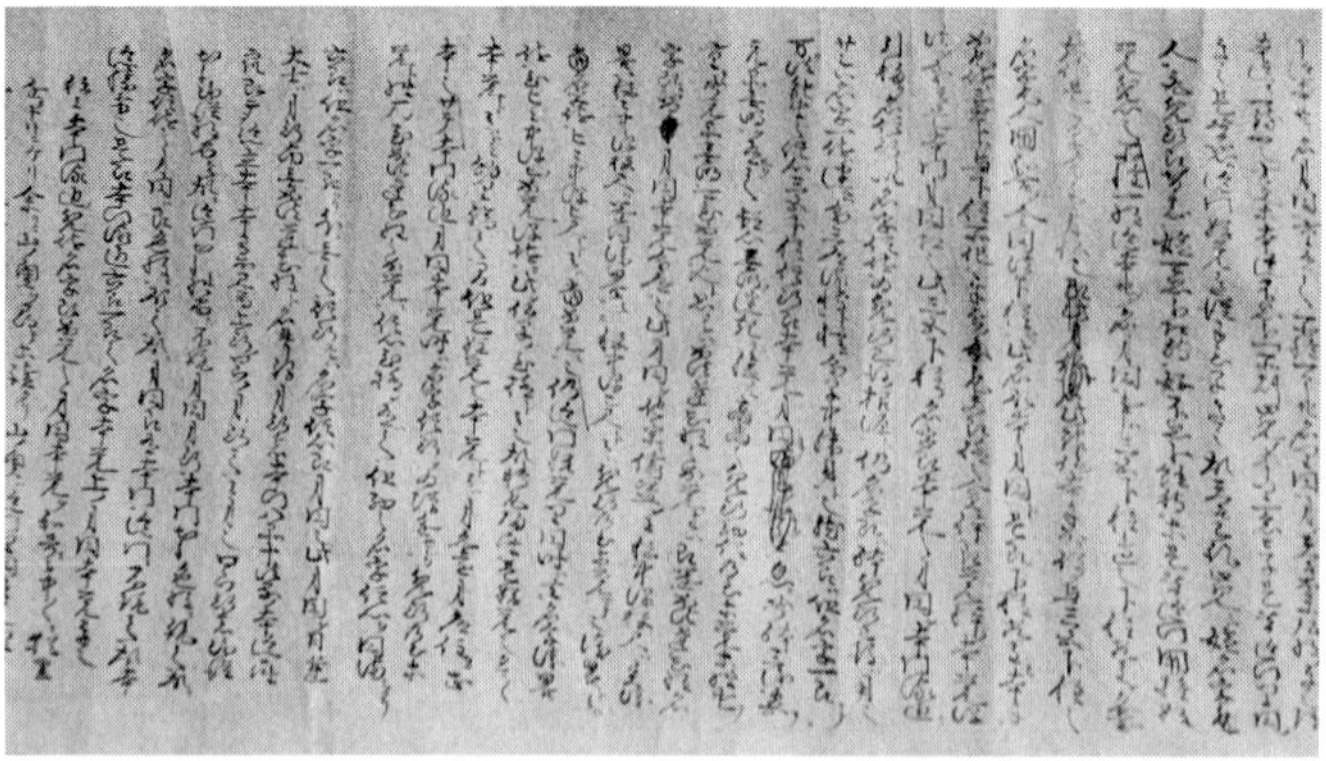

日隆聖人ご直筆「本門弘経抄」

鑽道場として「勧学院」が創立された。日隆聖人は、北陸を始め、大阪南河内、堺、そして西国に弘通し多くの寺を建立また改宗させ、「勧学院」にはせ参じる僧侶も増えていった。兵庫久遠寺が法華宗に改宗の折、尻池の時宗真光寺の院代の但阿は改宗し日与と名を改め、後に本能寺本興寺両山第六世の法灯を継承、また天台宗比叡山の学僧、日忠、日学の両師は、日隆聖人の学徳を慕い改衣、日忠聖人は京都妙蓮寺に、日学聖人は京都本能寺に住していたが、文正元年（一四六六）日隆聖人入滅後二年、当時義絶状態になっていた本能寺と妙蓮寺を和解させ、妙蓮寺の歴世に、日存、日道、日隆の三聖人が加えられることとなった。また、種子島慈恩寺の僧林応は、奈良西大寺に遊学、十年の研鑽を終えて故郷種子島に帰るため、堺で船待ちをしていた時、顕本寺の信者、按摩《あんま》の太都《たいち》に「律国賊」と批判され、太都は林応を尼崎本興寺の日隆聖人の許へ案内し、法論の結果、林応は改衣し日典と名を改め、勧学院で十年の研鑽を積んだ。

「勧学院」はその後江戸時代に入り、「尼崎檀林」、「尼崎学室」、明治時代には「法華宗学林」、大正時代は、沼津光長寺の「東黌」に対して「西黌」と呼ばれ、昭和二十年迄は一般の中等学校と同格の学校として扱われた。昭和二十四年、食糧難の折から大阪枚方市の大隆寺の境内に移転、昭和四十八年（一九七三）再び尼崎に復帰し、昭和五十九年学校法人となり「法華学園・興隆学林専門学校」として発足、永い伝統を今も受け継いでいる。日隆聖人の著述は三千余帖にのぼり、「御聖教」と称され、中には著作年代の明らかでない物もあるが、康正元年（一四五五）には「開迹顕本宗要集」を著しており、最後の著述は「三大部略大意抄」である。江戸時代に入り、貞享元年（一六八四）尼崎本興寺両山第二十八世日顕上人は、日隆聖人の著述の修復作業を進め、三千余帖の御聖教を和綴じのものから巻子本として後世にのこされ、「御聖教総目録」一巻を著された。これには、勧学院の学生十五名の名前や表装のための寄付者として、商人やその家族の名前も記されている。

また、御開山堂に置かれていた御聖教は、参拝者が、日隆聖人の徳に預かりたいとの憶いから、これをちぎって薬として食べてしまうことがあり幕末の頃、高松八品講の講頭松平左近頼該公が「御聖教殿」を寄進され、それ以後安全に格護された。太平洋戦争の折、戦渦の危険を避けるため一時兵庫県三木市の本長寺へ疎開して無事に戻された。平成三年、新しく宝物殿が完成し、災害から守るため平成十七年ここに移された。

二十三　種子島・屋久島・口之永良部島の開教と日典・日良・日増の三聖人

現在種子島には十一か寺が、屋久島には五か寺が存在している。明治の廃仏毀釈によって種子島二十五か寺、屋久島六か寺、口之永良部島九か寺、そのほか各部落には支院がありその全てが廃寺となった。

種子島は鑑真がはじめて日本に渡来した地でもあり、律宗との結びつきが深く、大同四年（八〇九）奈良法相宗興福寺の末寺として慈恩寺が創立され、島全体が律宗であった。しかし鎌倉時代にはいると律宗の主流は西大寺に移り、叡尊や忍性によって関東に弘まり、北条幕府の外護を得てその勢力をひろげていった。文永五年（一二六八）蒙古の国書が幕府にもたらされ、翌六年には蒙古の使者が返書を求めて今津に着き、これに危機を憶えた幕府は九州方面への警護を強め、瀬戸内海内交通の整備に乗り出した。この機に乗じて西大寺は瀬戸内や九州の国分寺の再興を計り四十三の寺を創立している。

正和五年（一三一六）忍性の弟子信仙が日向志布志に建てた「宝満寺」は北条重時の家

来守時に譲られ、日向、薩摩、大隅へとその支配は広がり、西大寺に現存する明和二年（一三九一）の「西大寺諸国末寺帳」に大隅国末寺として「慈遠寺《じおんじ》」の名前が記されている。このように興福寺の末寺となっていた慈恩寺は、この頃から西大寺の末寺となっていったのである。

定源院日典聖人は、応永八年（一四〇一）種子島川辺郡蔵野に生まれた。幼い頃から聡明な少年は名刹慈恩寺に入り得度剃髪、義賛坊林応と称した。律宗の厳しい修行が続いて数年がたった頃、領主幡時の子晴時が慈恩寺に入り出家、僧名を喜道と言った。林応は喜道と共に修行に励みその英才が認められ、喜道の随身として西大寺へ遊学することとなった。嘉吉元年（一四四一）林応四十歳の頃である。西大寺流の律宗は、叡尊によって密教が取り入れられ、従来の律宗とは異なった流儀を生み出していた。

宝徳三年（一四五一）研鑽の成果を胸に、いよいよ種子島に帰るため堺の船問屋で船待ちをしていたとき、疲れを癒すために呼んだ按摩に「律宗は国賊、過去の暦、そんな教えを研鑽するためにわざわざ遠い種子島から来たとは物好きな人もいるものだ」と嘲けられた。按摩の名前は太都《たいち》。堺は顕本寺の熱心な信者であった。喜道はそのまま故郷へ帰ったが、林応は太都の勧めで顕本寺を訪ねたのである。

種子島西之表日典ヶ浜に建つ日典聖人殉難の碑

顕本寺の住職は日浄上人と言い、師の日隆聖人より法義を学び、釈尊出世の本懐は法華経にあり、就中、滅後末法において成仏の種子となる教えは本門八品上行所伝を根本とする能開の南無妙法蓮華経にあることを丁寧に論議を重ね、日隆聖人に面会を乞うたのである。

早速、尼崎の本興寺に赴き林応は日隆聖人との法論に臨んだ。当時日隆聖人は、「本門弘経抄」を著され、「開迹顕本宗要集」を執筆中であった。林応は、仏法と他の宗教思想、仏法の中の大乗と小乗、大乗の中の権教と実教、実教の中の迹門と本門、本門の中の本地本門と迹中本門に示された五重相対の教義を教えられ、釈尊の教えの根本は南無妙法蓮華経という下種の教法にあり、これが成仏の種子と成ることを説明され、今まで続けていた律や密教の修行の謬りに気づき、日隆聖人の弟子となり、定源院日典と名を改めた。日典聖人は日隆聖人が本興寺に創立した「勧学院」に入り研鑽、学頭となった。十年が過ぎた頃日典聖人は故郷の種子島にこの法華経を弘めることこそ自分の使命であるとの思いを強くしていったのである。あたかも淡路島から「勧学院」に学んでいた日良聖人は日典聖人の熱い憶いにうたれ、第二陣として跡を継ぐことを決意し師弟の約を結んだ。

寛正三年（一四六二）日典聖人は故郷の土を踏んだ。全島が律宗での布教は厳しく、西之表の地に隠れ家を造り、海辺で海草の海松《みる》を食べて食をつなぎ、夜を選んで知人宅を訪ねては法を説く毎日が続いた。この年八月領主幡時公が急逝、十一代領主に時氏公が着任したが、新旧勢力の対立により島内は混乱、そんな時旧知の徳永十郎右衛門が信者となって外護、時氏公に「勧奏文」を送った。しかし喜道をはじめ慈恩寺の僧達や領内の有力武士達はこれに反発、「一揆者」という罪名を付けて非難した。しかし時氏公の家臣として日向より随身して島民となった山崎盛達等が食べ物を隠れ家に運び聖人を助けた。

しかし日典聖人の願いは叶わず、寛正四年四月二十一日の夜、川辺の岩床に座し「石子詰の刑」に処せられたのである。積み上げられた石中より南無妙法連華経の声が二十一日の間聞こえていたと伝えられている。

第二陣を約した日良聖人は、種子島に帰られた日典聖人から何の音沙汰もないことから、師の日隆聖人が御遷化された翌六年六月、種子島に渡り、初めて日典聖人の殉教を知った。聖人は一策を講じ、茶道の師匠に身を隠し、領主時氏公に接近、次第にお互いの信頼を深めていった。その間毎日日典聖人の墓所に回向を欠かすことはなかった。その噂はやがて時氏公の耳にはいり、日良聖人の燃える信火に全島を法華宗に改宗することを決意、十八か村残らず法華宗が実現したのである。このうち林応と共に西大寺に遊学していた喜道は反抗を続けたが、遷化した後日悦上人の号が贈られた。日良聖人は西之表に本源寺を建立、種子島家の菩提寺とし明応四年（一四九五）九月十九日六十五歳で示寂した。

種子島中種子で日良聖人が危難を免かれた「矢止石」の碑

第三陣の日増聖人は、嘉吉二年（一四四二）の生まれ、日隆聖人に随って得度、応

屋久島宮の浦の久本寺と日増聖人開教記念碑

永二年（一四六八）に権律師、文明十三年（一四八一）に金剛院の院号を与えられた。この頃屋久島で、宮之浦岳が地鳴りを起こし島民を恐怖に陥れた。時氏公は日良聖人に急報、ただちに本能寺に知らされ、日増聖人が島に到着、直ちに宮之浦岳の山頂に登り地鳴りを鎮める祈願を行いその結果、岳は静まり、これによって、屋久島そして口之永良部島と共に三島が悉く法華宗となったのである。それ以後上屋久、下屋久、南屋久、そして口之永良部に十七か寺が建立された。日増聖人は、明応元年（一四九二）に、本能寺に両山第五世の法灯を継承、文亀三年（一五〇三）十一月五日六十三歳で示寂した。三島からは、永年にわたり銀やべに花などが本興寺や本能寺へ送られていた。

二十四　ご入滅の地、御茶毘所の跡を歩く

寛正五年（一四六四）二月二十五日、日隆聖人は八十歳でご入滅になった。

陽暦からすれば、厳寒の二月。寒風が吹いて小雪の舞う境内、静まりかえった堂宇に聖人ご入滅の悲しみが読経の声とともに沈痛さを伝えている。ところが陰暦の二月二十五日は陽暦でこの年は、四月十三日となる。桜も散り、青葉の季節は、汗ばむ日も多くなる頃である。ご入滅の座に列なった多くの弟子達が聖人の周囲をかこんで読経の声が全山にこだまし、教化をうけた信男信女は境内を埋めて合掌し、方丈に向って唱題を続けている光景がそこにみえる。

両山第五十八世日心上人が伝える『両山歴譜写書継稿』には、日隆聖人ご入滅の年について、二月五日都鄙《とひ》の門弟に廻状を送り、

「愚老今年ハ将ニ死セントスル間、対面ヲ期シ没後ノ弘経ノ要ヲ申シ渡スベク條、不日ニ参詣有ルベシ等云云」

日隆聖人を祀る大本山本興寺「開山堂」

と二月十八日に各地で布教中の弟子は尼崎に馳せ参じた。聖人は門弟に対して、

「我今旬ヲ越エズシテ当ニ寂滅ニ帰スベシ、没後汝等学問ト弘通ヲ懈ルコトナカレ、此外遺語丁寧ナリ」

そして二十四日酉の刻（午後六時）より大曼荼羅に向われ北面に端座し要品を転読、二十五日辰の刻（午前八時）より参集の衆徒と共に読経され、神力品の偈文、「於如来滅後」の句に至って聖人はみずから磬を打ち、読誦され、続いてお題目を唱えられながらそのお声が静かに絶え、奄然《えんぜん》としてご入滅になられたのである。

「諸弟ノ秋涙雨ノ如ク哭声ハ雷ニ似タリ」

「嗚呼悲哉、無常ヲ示シテ常ヲ勧ムルハ供時相即之妙益、不滅ヲ証シテ滅ヲ唱フルハ一念寂照之勝用也」

とご入滅の瞬間を「三七日忌法則」でこのような辞句で結ばれている。

日蓮大聖人のご入滅がそうであったように、日隆聖人ご入滅の場合も、門弟や信徒の心には、言葉に表現出来ない悲しみにうちふるえたことであろう。

翌々日の二十七日に御入棺が行われ、日明、日禎両貫首によってこの儀式がとり行われた。翌二十八日に荼毘にふし、七七日の間参集の衆徒は誰一人として帰途につく者はいなかったと記されている。

日秀上人（本興寺第百十世）の『日隆聖人伝』及び『法式作法要典』（本能寺刊）に『日隆大聖人御葬送記』が記されている。

一番　大炬　帰信
二番　行器　法円
三番　大幡　慶乗
四番　小幡　左　日述　日恵
　　　　　　右　日倫　日要
五番　大宝華　左　日後

右　能栄

六番　小炬　左　亀寿丸　福千代丸　虎寿丸　千代寿丸

右　慶寿丸　鶴千代丸　竹千代丸　竹一丸　千代君丸

七番　御骨箱　日善　深円　日深　日純

八番　三具足　燭台　日円　香爐　祥本（日祥）

華瓶　実祐

九番　御位牌　本成院日浄

十番　善綱（縄）　御寺主　日応僧正

十一番　挑燈（燈前）前右　日澄（日悟）後右　実乗（慶順）

左　日悟（日澄）　左　慶順（実乗）

十二番御輿　右　常林坊　勝林坊　宝光坊　本円坊　乗林坊

左　金山坊　妙光坊　正法坊　林泉坊　円乗坊

後供　久成院　金剛院　常円坊　鏡林坊　円乗坊　智鏡坊

右　円光坊　大乗坊　鏡像院　慶隆坊　成乗坊

右　栄林坊　勝林坊　宝光坊　本因坊　乗林坊

十二番　前　勝運院日恩　御輿　後　円乗坊　智鏡
　左　金山坊　妙光院　正法院　林泉坊　円乗坊
　左　久成院　金剛院　一乗坊　常円坊　鏡林坊
十三番　天蓋　常住院日学
十四番　草鞋　実隆（宝隆坊）
十五番　鈸　右　日厳　　鐃　右　日解
　　　　　　左　日顕　　　　左　日増
　其他の御弟子門徒跣足奉送の多人数不可称計也
廿九日午の刻に尊容忽ちに旃檀の煙に登り玉ふ
此の日酉戌の刻の中間御取骨を奉行し三七日まで群参の衆徒中一人も退去せず七七日の御供養厳粛了りて御遺言に任せ御分骨し奉りて越中浅井の郷に送り奉り御寺主奉行法楽し了りぬ
　　　　　　　　　　　　　　　　行事　妙蓮寺貫主日応記之と
（尊容忽昇称檀之煙給、此日之酉之中間御取骨在之）
日隆聖人の荼毘所の跡は、本興寺の東南、尼崎市西本町二丁目に在る浄土真宗妙光寺の

尼崎大本山本興寺山門

境内に建っていたお題目石の場所だと言われている。

なぜ、日隆聖人の御荼毘所が他宗の寺の境内に在るのか。

そこで、この妙光寺の沿革と日隆聖人とのかかわりを調べてみることにした。

この妙光寺は、山号を白雲山と称し、浄土真宗本派本願寺末で、創立年代開基共に不祥であるが、暦応二年九月中興開山の僧を妙託と伝えている。もともと真言宗であったと言われ、唐招提寺の末院として建てられたもので、妙託の時代、延元四年（一三三九）本願寺三世覚如に帰依し、この時浄土真宗に改宗したのであった。寺域は南北二十六間、東西三十三間である。

『妙光寺記』には、お題目石について、

「妙光寺墓地に本興寺開基日隆上人墓石一基あり、伝云上人直弟本妙の需に依り、妙光寺中興第六世妙道諾して、上人の分骨を寺内仁徳帝御廟石の傍らに葬らしむ云云」

そして更に、

「按ずるに本興寺開基日隆上人、遷化して荼毘に附するや分骨して一部は上人の生地越中に、一部は直弟本妙請ふて之を守りしに、本妙深く時の妙光寺住妙道の学徳を慕ひ、宗派の異同を外にして日夕来往傾蓋の交りを結びしが、没するに臨み四十有余年捧持し来りし上人の遺骨を心友妙道に託して仁徳帝御冠塚の側らに葬らしめしものならん、果して然るか」

と記録している。

この墓石の碑面には「南無妙法蓮華経」と中央に書かれ、その下位に「本妙」、右側に「永正四年」（一五〇七）と記されている。この永正四年は日隆聖人滅後四十四年になるのである。

はたして『妙光寺記』にいう、日隆聖人の御直弟の本妙上人が、念仏無間の僧妙道に、宗派の異同を外にして日夕来往傾蓋の交りを結ぶであろうか。あきらかに後世のつくり話

御真骨堂の前に祀られている日隆聖人荼毘所跡に建てられていた題目碑

しである。

本興寺は両山第十八世日庸上人代、元和三年、尼崎城造営のため、現在地に所替えをしている。その日庸上人の『開祖畧縁記』を挙げて両山六十四世日芳上人の著された『開祖徳行記試評』にこのあたりのことが記されている。

「師の廟所昔の西門前籬外三丁余所梅水の旧跡古奔古木之梅之れ有り。此より西一丁に陵地有り。世人伝へて仁徳天皇の霊地也と云ふ。此に鳥戸と号する処有り。廟所茫に在り。町所替後今の侍屋敷也已上」

旧本興寺の周辺は、本興寺を中心にした寺内町を形成していたと言われており、東西南北に面した百姓達がのこした「門前百姓起請文」が現存しており、尼崎城が築かれる迄は、本興寺を中心とした街が形成されていたと考えられる。それが築城の後、城を中心とした街並みが整備されて、梅水の旧跡は、侍屋敷となり、市川伊三郎の門内になったとあり、仁徳帝の廟石も妙光寺の境内になってしまったのである。『開祖徳行記試評』は、

「此地は其の古、本興寺の境域也と。案ずるに是れ郷葬ならん乎」

と指摘されている。

寺域は、もともと現在のように筋塀でめぐらされたものでなく、境内に民家が建っていたであっただろうし、御荼毘所の跡は、本興寺の西の端に位置し、この場所を選んで香薪火浴したのであり、後に妙光寺の境内になったわけで、『妙光寺記』は、この墓石と妙光寺とのつながりを寺史のなかで会通したわけであろう。そして偉大な日隆聖人の葬送は、本興寺だけでなく、尼崎の住民の手によっても手厚くとり行われたのであろう。日隆聖人の御入滅は当時の尼崎の民衆にも大きな衝撃をあたえたのであった。

妙蓮寺より日応僧正を招いて日隆聖人の御葬儀を行っているが、当時は妙蓮寺と本能寺、本興寺は義絶状態であり、『妙蓮寺・本能寺両門和合決』による、妙蓮寺日忠上人、本能寺日学上人によって和解のきざしをみることが出来たのは、日隆聖人の滅後二年目であった。

永享元年（一四二九）日像聖人が帝都開教のために布教中、柳屋中興は聖人に帰依し西

洞院五条の屋敷を庵としたが、その後日慶上人はこの柳屋を再興すべく日存、日道両聖人、そして日隆聖人の協力を得て妙蓮寺が創立された。日隆聖人は妙蓮寺の創立にあたり、日存、日道両聖人を妙蓮寺の歴世に入れるべく日慶上人に申入れたが拒否され、それ以来、文正元年迄三十八年間不和の状態が続いていたわけで、和解に向って動き出す背景には、日応僧正が日隆聖人葬送の御導師をつとめられたことが起縁になったとも考えられる。

二十五　新しい旅に向かって

平成二十五年は、日隆聖人御入滅五百五十遠忌の年である。憶えば昭和三十八年の五百遠忌の折、私は大本山本興寺で奉修される報恩大法要に当たって、富山県の御廟所誕生寺の灯明を本山の御宝前にうつし、二夜三日の法要が始められるとのことで、その御灯明を誕生寺から運ぶ役目を仰せつかった。

友人の故青木永温師と二人、北陸本線に乗り誕生寺にお参りし、当時まだお元気であったお宿の主人、寺総代の中村秀治さんから、大切な宝物を拝ませていただき一泊。四月とはいえ北陸の朝は冷え切って寒い。本堂での読経に引き続き御灯明を戴き白金懐炉に移し、尼崎へ向かった。車中では懐炉の火が消えないように気を配りながら無事に大阪駅に着いた。駅には本山役職の上人や、信徒の出迎えを受け、乗用車で尼崎へ向かい、国道二号線沿いのレストラン「グリルロンドン」に到着した。この店は豊中市藤井寺の総代中川正和氏の経営するレストランで、私たちは白衣に麻の袈裟を着けて松明に火を移し、本興

尼崎大本山本興寺を中心とした寺町

寺までの行列が始まった。約一キロの道のり、国道から五合橋筋には入り、僧侶について婦人会の面々がうちわ太鼓を響かせ、本山の山門に着く頃には夜もとっぷり暮れて、かがり火が激しく炎をあげる。鏡の間よりローソクに火が移され、こうして御遠忌御逮夜法要が始まったのである。

翌昭和三十九年、師父日説上人が大本山本興寺第百二十三世貫首として晋山された。私は師父の自坊であった塔頭養寿院を継ぎ、大本山の書記補を拝命。日説上人は、昭和四十二年の大本山本興寺開創五百五十年記念慶讃大法要、さらに、昭和四十六年の宗祖日蓮大聖人御生誕第七百五十年記念慶讃大法要の導師を勤められ、その年貫首職を退き、自ら建立開基の、北九州市八幡東区にある本光寺に閑居された。

本光寺は、昭和五年（一九二八）日説上人三十四歳の折、八幡に在住の信者が本山へ、布教の拠点を作るべく懇願があり、時の御貫首増田日継上人は、当時大本山本興寺塔頭本成院の住職であった日説上人を、山命をもって現地に派遣した。一年が過ぎ、新寺建立の準備に入ろうとした矢先、懇願にきたその信者が急逝。日説上人はその日以来、毎日うちわ太鼓をたたき、お題目修行を続け、毒鼓の縁をむすび、上人の熱心な姿に、篤信者川井りん夫妻は、寺の建築予定地に植木を寄進。それ以後次第に信者も増え、昭和七年（一九三二）に堂宇が完成。翌八年、大本山本興寺八幡教会の設立を見たのである。昭和二十一年、本光寺と寺号を公称した。

檀信徒の全くいない地域での布教は、人知れない苦労があったと思う。それを支え、お題目の種を蒔く信念こそ、日説上人と母ヨシコの力を感ぜずにはいられない。私の子供の頃の日説上人は多方面に活躍し、福岡県で唯一人優秀町内会長として内閣総理大臣より表彰されたり、戦後は八幡市仏教会副会長を始め、保護司、民生委員や児童委員、そして寺では日曜学校を開き、和光子供会を作り、多くの子供が寺で遊び、野球のチームを作って対外試合をしたりした。

日説上人の貫首晋山に伴い、本光寺は兄弟子の三浦日掌上人が跡を継ぎ、納骨堂の新築を始め、次第に寺観を整え、本堂、番神堂を再建、山門も新築された。現在は弟子の三浦隆史上人が三世の法灯を継承している。

私は福岡県立八幡高校を卒業後、北九州市立大学外国語学部中国科にすすみ、昭和三十四年卒業、法華宗興隆学林研究科に入り、同三十六年に卒業した。宗門人としての歩みは、昭和三十八年法華宗興隆学林の講師、宗門の布教機関誌「無上道」編集員を拝命してからで、多くの先師に支えられ、大本山本能寺貫首松井日宏猊下や、興隆学林長の株橋日涌先生を始め、松井日俊、豊島正典の両先生に対するご恩は忘れることは出来ない。四十三年間養寿院の住職として本山に奉職、三期十二年勤めた執事長を平成十六年に退任、四十五年間奉職し、二期十年勤めた興隆学林専門学校学校長を平成十九年に退任し、大阪の北西部に当たる池田市天神に土地を求め、「本唱寺」を建立するに至った。

師父日説上人が、若干三十四歳にして北九州の地に新寺を建立し、苦難の中で布教を続け、二人三人と信者ができ、教線を広げ、地域の信頼を得た姿は、少年時代の私にとって、素晴らしく、また誇らしい姿としてずっと温められていた。私自身もいつの頃からか新しい寺を建てたいという願望が芽生えていたのかも知れない。もともとこの地には、昭和二十三年深野妙龍尼が畑という所に、「妙龍教会」を創立し布教されていたが、昭和三十八年に遷化され、その後後継者もなく荒廃したままで、土地も転売され法人名だけが残っていた。昭和五十六年日蓮大聖人七百遠忌の年の春、大本山本興寺の貫首であった小西日静猊下より、機会があればこの教会を復興してみる気はないかと言われ、有り難く私はこの教会の担任として受け継いだのである。「妙龍教会」を再興するため、土地を探し始め、はじめは山手の景色のよい場所をあちこち探していたが、やはり駅からも近く、足場の好いところを選ぶべきだと考え、阪急電車宝塚線の石橋駅の近くに土地を求めることが出来、設計は鳥取市菅能寺の住職で一級建築士の上田隆章上人に依頼。建築工事は松井建設が行い、平成十八年五月に竣工。内陣の荘厳は八光堂仏具店が担当し、建築に当たっては嗣法三浦和浩上人が現場にあって業者との打ち合わせを綿密に行い、誰でも入りやすい寺、お参りして心の安まる寺をめざし、本堂は一階にして吹き抜け、バリアフリーにして土足、全席椅子式にした。高さ九メートルの御宝前には、縦二メートル、横一メートルの大曼荼羅御本尊、日蓮大聖人と日隆聖人の尊像は、富山の御廟所誕生寺の尊像が新調されたので、今までお祀りしていた尊像を当山にお譲りいただき、平成十九年十月八日に落慶法要。大本山本興寺貫首有原日龍猊下と山内、大本山本能寺貫首岡本日亘猊下を始め、全国より有縁の僧侶六十余名、養寿院や各地からの参拝者百三十余名が参詣され、この上ない喜びであった。そして翌年三月には、京都の仏師、出口翠豊先生に依頼していた座像の鬼子母神像が完成をみたのである。

因みに本著は、昭和六十年日隆聖人御生誕六〇〇年を迎えるにあたり、法華宗の布教誌『無上道』に、昭和五十八年から同五十九年の二年間に亘って連載したもので、今回加筆訂正を行い出版することができた。毎月の連載のため、内容が重複した部分が多くあるが、「日隆聖人への旅」として、聖人へ少しでも近づきたい少納の気持ちとしてお許しを願いたいと思う。

出版に当っては東方出版様に温かい指摘を頂き、写真の掲載を快諾頂いた大本山本興寺貫首小西日遶猊下始め御霊跡寺院の各上人に対して心より感謝する次第である。

室町時代の中期、日蓮大聖人の教えを再興するために、滅後正意、本門八品上行所伝、本因下種、信行観心を叫ばれた日隆聖人のお姿を、あらためて多くの人達に知って欲しいと願うものである。私も純粋法華の魂を求めて、信心の旅を始めたい。

したたかに　信心の灯を燃やすとき　われ唱えんと　人の集わん　（八識庵）

参考資料

『隆師尊縁起』　日寛
『開祖徳行記試評』　日芳
『日隆大聖人徳行記』　石浜日勇
『開祖日隆大聖人縁起』　日淳
『本門八品法華宗再興之大導師日隆大聖人慕縁誌』　日蒼
『日隆大聖人御一代記』　日心
『日隆聖人略伝』　小西徹龍（東方出版）

日隆聖人略年譜

西暦	和暦	年令	日隆聖人事項	関連事項
一三八五	至徳二	一	一〇・一四 越中国射水郡浅井郷島に誕生。幼名長一丸。	妙本寺月明誕生
一三八六	〃 三	二		
一三九六	応永三	一二	遠成寺に入り慶寿院を師として剃髪	
一三九七	〃 四	一三	母益子逝去	
一四〇二	〃 九	一八	上洛。妙本寺日霄の門に入り、日存・日道両師について教学を修す	
一四〇三	〃一〇	一九		月明剃髪
一四〇五	〃一二	二一	一一・一四 日霄遷化五七才。月明妙本寺継承	
一四〇八	〃一五	二四		足利義満没五八才
一四一〇	〃一七	二六	日存・日通・日隆の三師妙本寺を退出。諸寺に遊学。日存・日隆両師越後本成寺に日陣を訪ね、日道・日隆両師越後に日陣を訪ねる	
一四一二	〃一九	二八		細川満元管領となる
一四一五	〃二二	三一	下宮勧学院善深より「法命集」を贈られる。小袖屋宗句施主となり本応寺を創立	

一四一六	〃二三	三二	浅井御旧臣中村元助反乱、中村元成日隆聖人武者絵像を以て鎮圧。元成出家、日永と改め元成寺を創す	
一四一八	〃二五	三四	日存・日道は前年、日隆この年妙本寺に起請文を入れたが再び三師退出。本応寺破却、刺客に襲われ河内に避難。三井村に本厳寺創立	
一四二〇	〃二七	三六	細川満元の外護により尼崎に本興寺を創立	
一四二一	〃二八	三七		三・二六　日存遷化五三才
一四二四	〃三一	四〇		二・一七　日道遷化四二才 五・二六　元成寺日永遷化
一四二六	応永三三	四二	日永三回忌に当り越中に下向。色ケ浜にて祈祷禅寺金泉庵住持義乗を破折、本隆寺創立。敦賀大正寺円海法師を破折、本勝寺を創立	
一四二九	永享一	四五	京都本応寺再建、「四帖抄」を著し門下に回達、「妙蓮寺内証相承血脈次第条目次」を著す	
一四三三	〃五	四九	如意王丸本応寺を六角大宮に移し本能寺として創立	
一四三四	〃六	五〇	一・一　願文を著す	
一四三五	〃七	五一	光長寺東之坊本果院日朝本能寺を訪ね一味法水の約を結ぶ	

一四三六	〃 八	五二	「御文段集」を著す	
一四三九	〃 一一	五五	南河内古戦場巡化、加納に霊水を涌出、法華寺を創立	
一四四〇	〃 一二	五六		九・八 妙本寺月明遷化五五才
一四四二	嘉吉二	五八	淡路妙勝寺改宗	
一四四四	文安一	六〇	「本䏻寺大衆信心戒条目三ケ条文起請文」を著す	
一四四六	〃 三	六二	智本久速山立正寺にて「富木入道御書」を書写	
一四四七	〃 四	六三	智本久速山立正寺にて「観心本尊抄副状」を書写	
一四四九	宝徳一	六五	西国弘通、牛窓本蓮寺改宗、備中に本隆寺創立、宇多津本妙寺創立、兵庫久遠寺改宗、備中本隆寺建立	
一四五〇	〃 二	六六	日信本能寺二世を継承	
一四五一	〃 三	六七	二・一「信心法度十三ケ条」を定む。堺に顕本寺創立	
一四五二	享徳一	六八	日登本興寺二世（両山三世）を継承。三井園城寺学頭常住院日学帰伏	
一四五三	〃 二	六九	「法華宗本門弘経抄」著	
一四五四	〃 三	七〇	本興寺境内に「勧学院」創立、堺の仏師浄伝に自像を刻らしめる	

一四五五	康正一	七一	本能寺日信遷化三四才	
一四五六	〃　二	七二	日明本能寺三世（両山四世）を継承。「開迹顕本宗要集」著	近江土一揆
一四五七	正禄一	七三	「三大部略大意抄」著	
一四五九	〃　三	七五	本興寺日登遷化三八才	
一四六〇	寛正一	七六	日禎本興寺三世（両山五世）を継承	
一四六一	〃　二	七七		河内土一揆
一四六三	〃　四	七九	「本能寺法度七ケ条」を定む。種子島日典寂	京都土一揆
一四六四	〃　五	八〇	二・二五　尼崎本興寺にて入滅	

三浦日脩（みうら・にっしゅう）
昭和11年（1936）北九州市生まれ。北九州市立大学外国語学部中国科卒。法華宗興隆学林研究科卒。現在、興隆学林専門学校名誉教授、法華宗教学研究所所員、法華宗「本唱寺」住職。
著書に『日蓮聖人略伝』、論文に「御伝記類にみえる日隆聖人像の変遷」（『株橋先生古稀記念　法華思想と日隆教学』所収）他がある。

日隆聖人への旅

2011年（平成23年）11月12日　初版第1刷発行
2011年（平成23年）11月25日　初版第2刷発行
著　者　©　三浦日脩
発行者　今東成人
発行所　東方出版㈱
〒543－0062　大阪市天王寺区逢阪2－3－2
Tel 06－6779－9571　Fax 06－6779－9573
装　丁　森本良成
印刷所　亜細亜印刷㈱
落丁・乱丁本はおとりかえいたします。　ISBN978－4－86249－185－5